야! 너도 책 쓸 수 있어!

부제 : 글쓰기, 책쓰기 비법

전설 지음

도서출판
디자인21

야! 너도 책 쓸 수 있어!

부제-글쓰기, 책쓰기 비법

전설 지음

머리말

주변에서 가끔 나에게 던지는 질문은 어떻게 그렇게 많은 책을 단기간에 쓰냐며 놀라기도 하고 단순히 놀라는 것에 그치지 않고 책 쓰는 비법에 대해 진지하게 질문하는 분들이 많다. 나에게는 그저 평범한 글쓰기가 다른 누군가에게는 죽기 전에 꼭 한번은 도전하고 싶은 버킷리스트임을 깨달은 후 글쓰기 방법에 관한 책을 집필하기로 마음먹었다. 사실 글쓰기를 너무나 어렵고 거창하게 생각하면 아마 아무것도 할 수 없을 것이다. 솔직히 고백하면, 나 역시도 대학교 시절 글을 쓴 후 책을 출판하기까지 30년이 넘는 시간이 흘렀음을 생각하면 정말 글쓰기가 쉽지 않다. 물론 EBS에서 400페이지 가까운 영어 서적을 출판한 적은 있지만, 그냥 일반인을 대상으로 하는 에세이나 평론을 공식적으로 출판한 것은 꽤 오랜만이라는 생각이 든다. 글을 쓰고 나서도 책으로 출판되기까지 우여곡절을 겪으면서 6년이라는 시간이 훌쩍 지나가 버렸다. 그리고, 다시 용기를 내어 1년에 무려 12권에 가까운 책을 집필하면서 내가 나름 느낀 바는 글쓰기가 충분한 지도를 받고 가이드만 잘 받으면 그렇게 어렵지만은 않다는 것이다.

나의 경험을 토대로 독자에게 책 쓰는 방법을 알려주면 좋겠다는 생각이 들었다. 의외로 주변에 잘나가는 사람은 물론 평범한 사람조차도 책 쓰기를 통해 자신의 감정을 그대로 드러내고 마음에 있는 이야기를 하고 싶음을 깨닫게 되었다. 이에 처음에는 사람들을 대상으로 글쓰기 교실을 열어 글 쓰는 방법에 대해 강의를 한 후, 사람들이 자연스럽게 글을 쓰도록 도와주면서 제목을 정하고 챕터를 정하고 어떻게 글을 써 내려갈지 하나하나 친근하고 친절하게 도와주면서 결국 한 권의 책이 나오도록 조력자 역할을 성공적으로 완수했다. 이러한 나의 경험을 바탕으로 이번에는 글쓰기 책을 집필하게 되었다. 물론 근처에서 나의 가르침을 직접 받은 사람들은 그나마 손쉽게 책을 쓰고 집필하게 되었지만 그렇지 못한 분들께는 이렇게 책 쓰기 도서를 통해 충분히 용기를 갖고 글을 쓸 수 있으리라 생각한다. 모쪼록 마음만 간절한데 글을 제대로 쓰지 못해 고민하고 갈등하는 분들께 본 도서가 길잡이 역할을 하길 간절히 바란다.

차례

1.

프롤로그-책 쓰기 어렵지 않아요!

보통 책 쓰기를 하라고 하면 '내가 어떻게 감히?' 라는 말을 종종 한다. 그러면 나는 다시 묻는다. 혹 책 쓸 생각은 진짜 있냐고 반문하면 모두 하나같이 너무나 책을 쓰고 싶다고 답변한다. 자기의 이야기부터 시작해서 판타지 소설에 이르기까지 모두 자신의 느낌과 감정을 글로 표현하고 싶다고 한다. 그런데, 글 쓸 용기와 자신이 없고 설령 마음먹는다고 해도 어떻게 어디서부터 무엇을 써야 할지 막막해서 몇 자 쓴 뒤로는 아예 포기한다고 한다.

그렇다!!

어릴 때 방학 일기 쓰기를 생각하면 하루하루 일기 쓰기도 싫어서 귀찮아 미루다가 나중에 방학 끝나고 개학하는 날, 이것저것 생각나는 대로 거의 소설을 작성해서 학교에 제출했던 기억이 있을 것이다. 그만큼 글쓰기가 쉽지 않기 때문이다.

그런데 곰곰 생각하면 나이 들어 누구나 이런저런 이유로 어쩔 수 없이 글을 쓰게 된다. 우선 대학교 때 리포터 과제로 보고서 작성할 때 최소 몇 페이지에 달하는 글을 어쩔 수 없이 써서 제출하곤 한다. 단순히 누군가의 글을 보고 베끼면 요즘은 특히나 표절 시비에 휘말려 성적이 나오지 않음은 물론 타인의 저작물을 침해하여 상당한 곤란을 겪게 된다.

내가 생각하기에 글은 우선 머릿속에 떠오르는 모든 것들을 생각나는 그대로 써보는 것이 중요한 것 같다. 내가 일어나서 밥 먹는 것부터 시작해서 화장실 가서 생각난 것, 양치질하면서 떠오른 생각, 출근길 지하철이나 버스에서 만난 사람들에게 느끼는 감정, 그리고 그들의 표정에서 느껴지는 일상의 바쁘고 지친 삶, 출근이나 등교 또는 집안에서 이런저런 잡다한 일하면서 느끼는 권태나 지루함, 직장에서 직장동료나 상사한테 느끼는 감정과 발생한 일들, 한동안 만나지 못한 친구에게 보내는 메시지 등 비록 사소한 것이라도 기억에 남기 위해 정리해두는 것이 좋다.

어떤 친구는 유명인의 글쓰기를 필사하는 것부터 시작해서 글쓰기를 한다는 경우도 있다. 이 방법도 나쁘지는 않다. 다른 사람이 어떻게 글을 쓰는지 직접 한 번 베껴 쓰기를 해봄으로써 충분히 글쓰기에 대해 이해할 수 있다. 그리고 책을 사서 책의 구성이 어떻게 되어있는지 확인해보는 것도 좋다.

글쓰기를 할 때 처음부터 거창하게 글을 쓸 수는 없다. 처음에는 문장 하나하나를 작성해보고 이러한 문장이 보여 단락을 이루므로 이를 토대로 여러 단락을 구성해나가는 것이다. 그리고 이러한 단락이 모이면 하나의 장을 이룰 수 있으므로 이렇게 몇 번 합하고 나면 어느새 하나의 글이 완성하게 된다. 논문이 아닌 이상 보통 편하게 읽는 수필 같은 경우는 굳이 서론, 본론, 결론의 방식이 필요 없다. 그냥 마음 흘러가는 대로 가볍게 글을 쓸 수가 있다.

독자를 생각하고 글을 쓰는 예도 있지만, 처음에는 글을 쓸 때 어떤 특정 대상으로 글을 쓰기보다는 그냥 내 마음을 한 번 들여다보고 나의 마음을 밖으로 표출한다는 데 의의를 두고 글을 쓰면 좋은 것 같다. 일명 일기형태의 글이 될 수 있는데, 앞서 얘기한 그러한 사소한 주제를 가볍게 써 내려가면 좋을 것이다. 그리고 어느 정도 실력이 쌓이고 좀 더 자신감이 생기면 나의 마음을 이제는 타인에게 말하듯이 때로는 고백형식으로, 때로는 메시지 전달이나 가르침의 형태로 진행하면서 점점 폭을 넓히는 것이 좋다. 그리고, 문장형태나 어휘 등을 적당하게 선정하고 골라서 과연 문맥에 맞는지도 글쓰기를 진행하면서 다시 한번 검토하는 것이 필요하다. 처음부터 지나치게 어휘 하나하나에 신경을 쓰면 도저히 글쓰기 진도가 나가지 않으므로 거듭 얘기하지만, 마음에 떠오르는 모든 심상을 그대로 표현하면서 무조건 써나가라는 말을 하고 싶다. 이후 나중에 정리해도 충분하다고 생각한다. 문법이나 어법에 얽매여 지나치게 골몰하다 보면 오히려 자연스러운 글이 되지 않을 수 있기 때문이다.

내 글이 타인에게 잘 읽혀서 베스트셀러가 되면 좋겠지만, 꼭 누군가에게 읽혀서 감동을 주는 글을 쓸 필요는 없다. 글쓰기는 나 자신의 마음의 평화를 되찾고 이를 통해 우울한 마음이 긍정의 힘으로 다시 일어날 수 있는 계기가 되면 족하며 그리고 이러한 과정에서 느껴진 감정들이 행여 자신과 비슷한 경험을 하는 다른 사람에게 위로가 되는 부분이 겹친다면 이것이 진정한 글쓰기의 기쁨이라고 생각한다. 마치 운동을 하면 처음에는 힘들고 고달파서 왜 이렇게 달려야 하는지 또는 왜 이렇게 무거운 운동기구랑 씨름하며 힘겹게 살아야 하는지 온갖 잡생각이 들다가도 그 과정이 끝나고 나면 언제 그랬냐는 듯이 에너지를 되찾고 원기를 회복하는 것처럼 글쓰기 역시 처음에 무엇을 써야 할지 책상머리에 앉아 골머리를 싸매며 이리저리 뒤척이다가도 한 문장이 완성되고 이후 한 단락이 완성되어 마침내 짧지만 하나의 글이 완성되면 뿌듯함을 느끼는 것이 글쓰기의 묘미라고 생각한다. 아울러 하나의 글을 쓰기 위해서는 수많은 생각을 하며 잡념을 버리고 오롯이 글쓰기에 몰두함으로써 자신이 기존에 가졌던 많은 괴로움이 어느새 글쓰기를 하는 가운데 사라지고 자판에 남겨지는 또는 종이에 남겨지는 수고의 흔적에 색다른 희열을 느끼게 된다.

가장 중요한 것은 나도 할 수 있다는 자신감이다. 옛말에 시작이 반이라고 한 번 해봐야 한다고 생각하며 책상에 앉는 것이 첫 단추의 시작이라고 할 수 있다. 앉아서 이런저런 생각을 하며 설령 수십 번 지우고 수백 번 지우는 오류를 범하더라도 이것저것 생각나는 대로 활자화시켜가며 자신의 사고를 정리하는 가운데 이미 글쓰기의 초보 단계에 진입했고 이를 통해 글쓰기의 매력에 빠지는 것이다.

사실 운동을 해야지 하면서도 어느새 불어난 체중을 바라보며 참으로 운동이 쉽지 않구나! 느낀 순간, 같은 아파트에 사는 친한 동생이 같이 달리기를 하자며 권유했다. 물론 이 친구들은 거의 베테랑에 가까운 아니 내가 보기에 거의 신이라고 할 만큼 운동에 있어서 진심인 친구들인데 이런 친구들이 귀한 시간을 할애하여 나의 운동코치가 된다고 했을 때 과연 내가 해낼 수 있을지 살짝 의문을 가졌지만 그래도 산책이나 가벼운 등산부터 시작하여 같이 자전거를 타고 심지어 걷기와 가벼운 조깅을 번갈아 가는 과정을 3킬로 하다가 어느 날 갑자기 3.5킬로를 쉬지도 않고 달리는 과정을 도전한 후 난 어느새 달리기의 매력에 빠지게 되었다. 굳이 이러한 친구들의 도움 없이도 나 혼자 4.5킬로를 달리면서 운동의 기쁨을 발견하게 된 것이다. 사실 쉬지 않고 달리기를 할 때 아파트 단지 안에 있는 트랙을 거의 60바퀴 가까이 뛰어야 하는데 처음 10바퀴 완주하기가 너무나 힘들어 중간에 쉬고 싶다고 했을 때 옆에서 같이 하면 충분히 할 수 있다고 격려해준 찬욱이한테 너무나 감사한 마음이 든다. 그리고, 늘 함께 산책하며 이런저런 운동 얘기와 삶의 진정한 기쁨과 가치에 관해 이야기한 춘배에게도 감사한 마음이 든다. 이처럼, 순간, 이 글을 읽고 있는 분들 역시 이 책을 함께 하면서 끝까지 완독한 후 결국 책을 쓸 수 있다는 자신감으로 도전해보기를 간절히 부탁드려본다.

시작하지 않으면 그 어떤 것도 이룰 수 없다는 말이 있다. 우선 타인의 책을 많이 읽어보고 거기에서 아이디어를 얻어도 좋고 아니면 지금처럼 이 책 한 권을 읽어가면서 동시에 그때마다 떠오르는 무한한 생각을 글로 표현하며 하나하나 저장하다 보면 어느 순간 자신만의 멋진 책이 완성되어 있음을 발견할 것이다.

2.
글 쓰는 버릇 들이기

요즘은 핸드폰이 개인 비서처럼 모든 것을 해결해주고 있다고 과언이 아닐 만큼 우리 생활에 밀착되어 있다. 사실 글쓰기를 생각하면 예전에는 원고지를 많이 떠올렸는데 요즘은 굳이 원고지가 아니어도 핸드폰에 그때그때 생각나는 수많은 멋진 생각들을 기록할 수 있다. 나 같은 경우는 지하철을 탈 때 떠오르는 많은 상념을 핸드폰에 하나하나 기록하면서 그 순간의 번득이는 생각을 글로 표현하곤 한다. 물론 컴퓨터에 앉아 새벽녘 쓰는 글이 어쩌면 가장 신선한 아이디어가 떠올라 나름 만족감이 가장 높긴 하지만, 꼭 새벽 시간이 아니어도 일상의 번잡한 순간에서도 글쓰기는 충분히 가능하다고 생각한다. 굳이 글 쓰는 시간을 거창하게 들이지 않고서도 수시로 글 쓰는 버릇을 들이면 좋다고 생각한다.

내 주변에는 심지어 소파에 앉아 있는 순간에도 운동한답시고 다리를 떨거나 허리를 펴는 움직임이나 손을 흔드는 행위를 통해 스스로 몸을 만들어가는 사람도 있다. 늘 운동에 필이 꽂혀 무언가를 해야지만 직성이 풀리는데 글쓰기도 마찬가지라고 생각한다. 침대에 누워 할 일 없이 굳이 핸드폰을 보며 쓸데없는 시간에 소중한 시간을 소모하기보다는 자투리 시간이 나면 일단 글쓰기로 마음먹은 이상, 펜을 들고 종이 위에 자기 생각을 무한 펼쳐보는 것을 권하고 싶다. 굳이 글이 아니어도 무엇을 쓰면 좋을지 어떻게 쓰면 좋을지 구상하는 것도 좋다. 마치 초등학교 시절, 하얀 도화지에 그림을 그리기 전 무엇을 그릴지 구상하면서 밑그림부터 차근차근 도화지를 채워나가듯이 글쓰기도 하얀 백지장에 무엇을 쓸지 머릿속으로 일명 브레인스토밍하는 과정이 필요한 것이다.

하루에 최소한 처음 5분부터 글쓰기를 시작해서 차츰 10분, 20분, 30분으로 시간을 늘려가면서 그 무엇이라도 좋으니 글로 표현하면 좋다. 그리고, 자신이 쓴 글을 쑥스럽긴 하지만 소리 내 한 자, 한 자 읽어가면서 자신의 느낌과 감정을 다시 한번 확인해 보는 것도 좋다.

사실 어릴 때 둘째 누나가 문학 감성이 뛰어나서 굳이 말로 해도 좋은 이야기들을 늘 손편지라는 매개체를 통해 많은 이야기를 전하곤 했다. 아무래도 나이 차이가 있다 보니 같이 산 시간은 적지만 그러기에 더더욱 동생들에 대한 간절함 때문인지 편지라고 하기엔 너무나 많은 분량의 거의 자기 고백에 가까운 글을 써서 보내곤 했는데, 어느 순간 그 편지가 그리움의 대상이 된 것을 생각하면 많은 시간이 흘렀음을 알게 되고 세월이 지난 지금 돌이켜보면 그러한 글을 쓰기까지 얼마나 많은 시간과 땀방울이 녹아 있는지 내 나이 50대가 되고 보니 조금씩 이해하게 된다. 당시 어린 초등학생인 나에게는 다소 어려운 표현들과 문구들이 생소하게 느껴졌고 흘림체 가득한 그 편지가 도무지 생경하게 느껴졌지만, 무언지도 모를 그 많은 표현을 소리 내어 읽어가며 그 많은 분량에 흠칫 놀라면서도 조금은 그 편지에 담긴 의미들을 이해하고자 했던 것 같다. 이런 누나의 사랑 덕분에 참 빨리 철이 든 것 같고 인생에 대해 좀 더 많은 고민을 한 것 같다.

늘 동생 잘되라고 격려해주던 누나 덕분에 아마도 난 지금의 내가 있지 않나 그런 생각이 들면서 그 당시엔 직접 만나면 다소 쌀쌀했지만, 편지 속에 간절히 녹아든 동생에 대한 누나의 애정을 세월이 지난 지금 난 눈물을 흘리면서 감사의 마음으로 이 글을 쓰고 있는지도 모른다. 아마도 어쩌면 태어나지 않았을 수도 있는 막내에 대한 걱정과 여러 가지 많은 생각이 그대로 편지에 녹아 있었다고 생각한다. 나에게는 어린 시절 누나가 보내주는 그 편지가 어쩌면 그 어떤 책보다도 재밌고 감동을 주는 드라마였다고 생각한다. 그리고 그러한 편지로 문학적 감성을 많이 깨우쳤다고 생각한다. 세월이 흘러 내가 누군가를 가르치고 타인에게 긍정적 영향을 주고자 노력하는 것도 어쩌면 둘째 누나의 바람과 간절한 사랑 덕분이라고 생각한다. 이 자리를 빌려 다시 한번 누나에게 감사를 드리며 늘 글을 쓰면서 자신을 다스리고 동생들에게 사랑을 베푼 누나가 앞으로도 건강하게 내 곁에 있었으면 하는 바람을 나 역시 글로 표현해 본다.

당시 누나는 1주일에 한 번 거의 10장이 넘는 편지를 사랑하는 동생 3명에게 각각 수신인으로 보내곤 했는데 이 덕분에 7남매 중 비교적 나이가 어린 3남매가 정말 건실하게 사회인으로 성장했다고 생각한다. 글이 주는 엄청난 긍정적 영향력이라고 생각한다. 매일매일 글쓰기를 통해 자신의 삶도 성찰하면서 굳이 말이 아니라 글을 통해 동생들에 대한 자신의 사랑을 표현한 누나가 참으로 위대하게 느껴지는 부분이다.

이처럼 글은 말로 다 할 수 없는 다양한 감정과 느낌들을 고스란히 표현하는 능력이 있다. 펜이 왜 칼보다 강할까 하는 질문에 대해 난 늘 고심하고 생각해보았다. 칼은 단 한 사람에게만 영향을 주는 단편적인 영향력이 있지만, 펜을 통해 표현된 글은 동시대에 수많은 사람을 감동하게 하고 변화시키는 능력이 있음을 요즘 들어 더 많이 깨닫게 된다. 글 하나를 통해 누군가의 인생이 변하기도 하고 글 하나를 통해 때로는 뜻하지 않은 오해가 풀리기도 하며 마음을 전하기도 한다. 최근 들어 카톡이 남녀노소 막론하고 의사소통의 매개체로 자리 잡았는데 이러한 현상을 두고 볼 때, 단지 글뿐만 아니라 글을 작성하고 나서 그 뒤에 붙는 부호 역시 얼마나 중요한 역할을 하는지 알게 된다.^^ 이것 하나면

더해도 우린 상대의 마음에서 따뜻함을 느낄 수가 있다. 굳이 말을 하지 않아도 부호 하나만으로도 진심을 충분히 전할 수가 있다는 것이다.

나 역시 지금 이 글을 쓰고 있지만, 글을 통해 사람의 마음을 감동하게 한다는 말을 참으로 많이 듣곤 한다. 언젠가 가깝게 지내는 동생 훈이도 나한테 형의 글을 읽으면 마음이 녹아들고 따뜻함이 전해진다는 말을 한 적이 있다. 서울대 국어 교육학을 전공하고 주로 말로 타인에게 영향을 주는 그 친구가 늘 한 말이 나보고 글을 많이 써서 세상을 좀 더 밝고 멋진 곳으로 바꿔 달라는 주문을 했는데 아직 그 정도의 영향력이 있는지는 모르지만 그래도 글쓰기를 친구삼아 늘 골몰하고 있는 것을 보면 훈이의 부탁을 어쩌면 잘 들어주고 있는지도 모른다는 생각이 든다.

예전에 형이 공군사관학교 생도 시절, 난 고등학교에 다니면서 한창 정신없이 공부에 몰두하면서도 늘 하루에 한 통 형에게 편지를 써서 힘든 과정을 잘 극복하라고 위로의 편지를 보낸 적이 있다. 예전에 둘째 누나가 동생들에게 편지를 써서 용기를 주듯 나도 그러한 선한 영향력을 받아 형에게 내 마음을 전하며 부디 멋진 파일럿이 되어 우리 사회에 큰 역군이 되길 내 앞길도 제대로 보이지 않는 막막한 상황에서 형에게 위로와 격려를 하며 간절한 기도를 드렸다. 시간이 흘러 언젠가 형을 만나러 사관학교에

면회 갔을 때, 형은 내가 보낸 수백 통이 넘는 편지를 소중하게 간직하며 매일 읽었다는 말과 함께 감사의 마음을 전했다. 그리고 자신도 나로 인해 하루하루 일상적인 느낌에 대해 영어와 한글로 글을 쓰며 자신의 삶에 더 충실했다는 말을 덧붙였다.

글쓰기는 어떻게 보면 전염성이 강하다는 생각이 든다. 별것 아닌 것 같지만, 누군가에게 글이라는 매개체를 통해 편지를 쓰고 하는 행위가 서로의 무뎌진 감정을 되살려주고 한동안 서먹하거나 소원했던 관계마저 회복시켜주는 순기능을 하기에 난 강력히 글쓰기를 하나의 취미나 버릇으로 가져보라는 말을 꼭 전하고 싶다. 굳이 남녀 애인 관계가 아니라고 해도 자신의 주변에 늘 가까이 있어서 감사함을 표현하지 못했던 아내나 남편, 부모님과 자녀들에게 감사와 사랑의 편지를 주고받는다면 이보다 더 좋은 관계 회복은 없다고 생각한다.

한 끼의 식사를 그냥 차려놓고 가기보다는 몇 줄이라도 메시지를 적어가며 식사 맛있게 하고 오늘도 힘내라는 격려의 말, 또는 평소 바빠서 전하지 못했던 수많은 일상적인 일들에 대해 굳이 단톡방이 아니라도 메모장을 통해 마음을 전하는 것은 좋다고 생각한다. 때로는 손편지나 손 메모를 통해 전해지는 온기가 있기 때문이다. 천편일률적인 카톡 메시지의 편이성 대신에 굳이 손편지를 선택하라고 하는 이유는 각자 그 사람의 필체에서 느끼는 오롯한 매력이 있기 때문이다. 글씨체를 보면 그 사람만의 감정과 느낌이 전해져옴을 알 수 있다.

생일 선물 중 가장 기억에 남는 것 중 하나는 신영복 선생님의 글씨체를 붓글씨로 연습하며 내가 쓴 '어머니'라는 시를 정성껏 한지에 먹물로 담아 표현한 영욱이의 따뜻한 온기가 전해지는 족자이다. 그 많은 글자를 어떻게 저렇게 서예로 잘 표현했는지 놀랍기도 하고 긴 시간 이렇게 많은 글자를 쓰기 위해 얼마나 노력했는지를 새삼 깨닫게 하는 부분이어서 감동 그 자체임을 이 글을 빌려 감사를 드리고 싶다. 평소 존경하던 분의 글씨체를 필사하면서 이제는 확고히 그분의 글씨체를 그대로 쓸 수 있음에 기쁨을 표현하던 영욱이를 바라보면서 마치 초등학생이 상장을 받고 기뻐하던 그 모습이 재현되어 아직도 50에 가까운 나이에 저런 순수함과 동심을 가진 영욱이에게 깊은 감동했다. 늘 만나도 소년처럼 해맑은 미소에 다소곳한 어투가 사람을 움직이는 무언가가 내재하여 있음을 깨닫게 된다.

이처럼 굳이 거창한 이벤트나 큰 행사가 아니어도 잔잔한 각자의 삶에서 펼쳐지는 다양한 순간의 일들을 글로 표현하는 습관을 통해 글쓰기의 매력에 빠져들 수 있다고 생각한다. 글쓰기는 단순히 누군가에게 보이기 위한 현학적인 글이 아니어도 다만 자신의 솔직한 감정을 적나라하게 드러냄으로써 자신에게 쌓인 울분이나 스트레스를 해소함은 물론 다시 겸허한 마음가짐을 다잡는데도 최고의 효과가 있다고 생각한다. 지금 당장 자신의 주변에 있는 사람에게 우선 감사의 마음을 쑥스럽지만 표현하는 것부터 시작해서 글쓰기를 하면 좋을 것 같다.

3. 나의 일상이 책 쓰기의 소재

글을 쓴다고 하면 다들 먼저 드는 선입견이 너무 어렵다는 생각과 더불어 '내가 어떻게 책을 쓰지?' 라는 두려움이 드는 게 인지상정이다. 그런데 글쓰기를 그렇게 어렵지 않게 생각해야 하는 이유를 굳이 말하자면 나의 일상적인 일부터 차근차근 기록하면 되기 때문이다. 남들이 나를 궁금해할 수도 있고 궁금해하지 않을 수도 있지만, 나의 소박한 사생활에 관해 브이로그를 통해 요즘 인기몰이에 성공하는 것을 보면 굳이 소박한 일상이라고 해서 공감대를 형성하지 말라는 법은 없다. 사람은 누구나 내가 아닌 타인에 대해 호기심과 궁금점이 생기게 마련인 것이다. 나랑 비슷한 성향이라면 거기에서 공감대를 형성하여 서로 이해하는 부분이 생길 것이고 다른 부분이 있다면 왜 저렇게 다르게 멋진 삶을 사는지 그 차이와 이유에 대해 비교·분석하는 시간을 갖게 될 것이다.

글을 쓰기 전 내가 가진 장단점에 대해 생각해볼 필요가 있다. 나의 장점이라면 나는 우선, 배려심이 강하고 타인을 이해하고자 하는 마음이 넓다는 것이다. 사람 만나기를 좋아하고 타인의 이야기에 귀를 기울이며 아픔을 같이 이해하고 공감하고자 하는 공감 능력이 뛰어나다. 오랜 시간 학생들과 함께 생활했기에 늘 나보다 어린 사람을 보면 왠지 연민의 정이 생겨 돌봐주고자 하는 마음이 강하게 든다. 아마도 이런 이해의 마음 덕분에 주변에 사람이 많다고 생각한다. 단점이라면 이렇게 늘 주변에 온정을 쏟다 보니 정작 나의 삶은 이들을 돌보느라 정신이 없다. 예를 들자면 예전에 상가투자를 통해 거의 12년간 소송을 하느라 정신적으로 피폐했음에도 불구하고 이와는 결이 다르지만, 생활형 숙박 시설 잔금을 못 내 힘들어하는 제자를 위해 내가 기꺼이 그 물건을 떠안았는데 떠안는 순간, 거의 지옥행 문은 열렸다. 이를 미리 알았지만 내가 충분히 감수할 수 있을 거라는 자신만만한 오만한 생각에 제자의 물건을 대신 매수하고서는 거의 하루가 전쟁처럼 카톡 단톡방에서 일명 정의라는 이름 하에 권리를 되찾기 위해 열띤 논쟁을 벌인다. 그렇게 하다 보면 하루가 어떻게 가는지도 모른다. 남의 아픔을 때로는 그냥 모른 척 지나쳐야 하는데 그렇지 못한 것이 나의 최대 단점이라 할 수 있다.

그다음은 내가 가지 않은 또는 하지 않은 일에 대한 후회 또는 아쉬움을 토로함으로써 장래의 인생계획에 이정표를 세울 수 있다. 개인적으로는 성직자가 되어 사람들에게 좀 더 위로의 마음을 주고 싶은 마음이 컸다. 그래서 총신대를 가서 목사님이 되어야 하나 많은 고심과 갈등이 많았다. 또는 신부가 되어 오롯이 세속과 결별하여 힘든 사람들에게 도움이 되고자 했지만, 속세랑 인연을 맺고 있는 현재로서는 모든 것이 불가능하다. 하지만, 굳이 이렇게 고결한 성직자가 되지 않고서도 사람들에게 꿈과 희망, 용기를 줄 수 있으니 그걸로 위안으로 삼는다. 앞으로 기회가 되면 온라인 공간에서 더욱 많은 사람의 고민을 들어주고 상담해주면서 위로를 주고 싶다. 다행히 나이를 먹어감에 대해 예전엔 무조건 싫다고 거부하는 성향이었다면 요즘은 오히려 감사함으로 나이에 대해 수긍하고 받아들이는 처지다. 나이를 먹는다는 것은 물론 노화 현상으로 점점 생명이 단축되어 가는 의미도 있지만, 기존에 내가 몰랐던 인생의 참된 가치에 대해 조금은 이해하고 받아들일 수 있음을 의미하기도 하다.

언젠가 이태석 신부님의 고결하고 숭고한 삶을 다큐멘터리로 지켜보면서 과연 나는 저렇게 내가 가진 모든 것을 버리고 아프리카 오지에 가서 가난한 이들을 위해 희생할 수 있을까? 생각해보면 도저히 엄두가 나지 않는다. 그렇게 가진 것은 없지만 현재의 편안한 삶을 버리고 새로운 도전을 그것도 진정 타인의 행복을 위해 나를 버리기가 쉽지 않음을 너무나 잘 알기 때문이다. 그런데도 이태석 신부님은 아무 연고도 없는 생면부지의 아프리카 오지 톤즈에 학교를 세우고 한국교육 과정에 맞춰 학생을 가르쳐 이들이 대한민국에 와서 전문의가 되기까지 오롯이 순수한 봉사와 희생, 사랑의 마음으로 타인에게 배려의 씨앗을 뿌렸다. 난 몇 번이나 이 프로그램을 시청하면서 흐르는 눈물을 닦았다. 굳이 억지웃음이나 감동이 아닌 보통 그 자체의 숭고한 삶에 감탄하는 것이며 돌이켜보면 현재의 나보다 어린 나이에 저렇게 위대한 일을 했음에 나 자신을 반성하게 된다.

내가 가지 않은 이러한 길을 앞으로 과연 내가 갈 수 있을지 지금도 의문이 들지만 나 역시도 굳이 아프리카는 아니더라도 한국에서 어려운 이웃들을 돌보면서 이들을 위해 교육재단을 만들어 돈 없어 공부하지 못하는 꿈많은 우리의 아이들에게 희망의 꽃을 피워주고 싶다. 제발 그러한 날이 오기를 간절히 기도드릴 뿐이다.

내 인생에서 슬픈 추억이라면 여러 가지가 있지만 아무래도 부모님의 영면이 가장 가슴 아프다. 떠난다는 이별의 말 한마디 서로 나누지 못한 채 하늘나라로 영원히 떠나간 엄마의 마지막 모습을 병원에서 접하고 난 죽음이 뭔지 많은 고심을 하게 되었다. 살아생전 너무나 자녀를 사랑하셔서 같이 한방에서 잠을 청할 때면 엄마는 늘 하시는 말씀이, “이렇게 사랑스러운 아가들을 과연 하늘나라에서 보면 알아볼 수 있을까?” 그런 말씀을 하셨다. 아직도 그런 말씀이 귓가에 맴도는데 난 아직도 엄마를 떠나보내지 못한 채 내 가슴속에서 늘 그리움으로 간직하며 행여 엄마와 연세가 비슷하신 연배의 할머니들이 길거리에서 나물이라도 팔고 있는 모습을 보게 되면 굳이 그 많은 나물을 다 사서 집에 오곤 한다. 굳이 필요치 않아도 왠지 그 할머니의 거칠어진 손을 한 번 다잡아 보면서 엄마의 온기를 느껴보고 싶은지도 모른다. 연세 드신 할머니들이 이제는 살았다면 내 어머니의 모습일 수도 있다고 생각하기에 더더욱 애틋한 마음이 드는지도 모른다. 나물을 가져와서 다듬고 정리하고 있노라면 그렇게 많은 집안 살림살이를 오롯이 당신의 손으로 어루만지며 알뜰하게 가꾸셨던 어머니 모습이 눈에 어른거려 나물에 뚝뚝 떨어지는 눈물을 하염없이 내려다보곤 한다. 그렇게 엄마 이야기만 나오면 불쑥 눈물샘이 터져 나도 모르게 허공을 바라보며 때로는 대성통곡을 하기도 하는데 그런 존재가 바로 어머니인 것 같다.

내가 사랑스럽게 키우던 강아지 꾸꾸와 고양이 비바와의 이별도 나에겐 잊지 못할 슬픈 추억이다. 전혀 마음의 준비도 하지 못한 채 내 곁을 떠나간 로드킬의 희생양 우리 꾸꾸, 그리고 어느 날 갑자기 일하다 돌아왔더니 숨을 헐떡거리며 쉬지 않아 응급실에 데려갔더니 갑자기 불과 몇 시간 만에 내 곁을 떠나간 우리 하얀 천사 비바, 난 이들을 아직도 내 가슴속에서 떠나보내지 못한 채 늘 그리움으로 애틋하게 바라보고 있다. 하늘나라에서는 꼭 다시 만나리라는 기대하며 마음속으로 떠나간 우리 이쁜 아가들을 위해 기도를 드리고 있다.

나를 즐겁게 한 추억이라면 여러 가지가 있지만, 그중에서 영국 유학 중 만난 마음씨 착한 싱가포르 친구들과 정말 원 없이 여행을 많이 간 것이다. 사소하게는 밤마다 늦은 시간, 산책을 핑계로 같이 1시간 남짓한 테스코 대형 매장에 걸어가서 맛있는 요리재료를 사다가 맘껏 요리해 먹으면서 즐겁게 놀았던 기억이 가장 인상에 오래 남는다. 너무나 착한 이 친구들은 정말 법 없이도 살 것 같은 마음씨 좋은 친구들이었다. 비록 나이는 어렸지만, 반듯한 영국식 귀족 교육을 싱가포르에서 받았고 유학도 영국으로 온 만큼 모든 생활이 반듯함 그 자체였다. 매너있고 배려심 깊은 행동은 타인을 행복하게 하기에 충분했다. 굳이 차를 타고 쇼핑하러 가도 되는데 밤늦게 같이 걸어가면서 이런저런 얘기를 나누는 가운데 친밀도는 높아졌다. 그 덕분에 많은 추억을 쌓을 수 있다고 생각한다.

최근에는 아파트 생활 몇십 년 만에 처음으로 아파트에 사는 동생들과 친하게 지낼 기회가 생겼다. 언제든 마음 편하게 만나, 때로는 식사를 하기도 하고 때로는 등산이나 산책, 달리기를 하며 친목을 도모하는 것이 너무나 즐겁다. 1주일에 어떤 때는 매일 만날 정도로 친함이 극에 달했다고 생각하는데 이렇게 이야기를 주고받으며 서로의 마음을 나눌 수 있는 친구가 생김에 감사드린다. 남자지만 다들 피부관리에도 신경을 많이 쓰는 편이라 때로는 스킨캐어도 같이 다니고, 시간 나면 점심도 같이하면서 살아가는 이런저런 이야기를 나누며 심지어 자녀교육까지 같이 이야기할 정도로 친한 사이가 되었다. 이러한 소확행이 나에게는 너무나 감사한 일이다. 늘 스케줄에 쫓겨 하루하루 기계처럼 살던 나의 삶에 아내의 뜻하지 않은 유방암 투병과 관련하여 모든 일을 일체 내려놓고 병간호라는 명목하에 자유시간을 많이 가지면서 나에게는 아내와 관련한 슬픔도 있지만 그런데도 이렇게 자투리 시간을 활용하여 주변의 지인들과 함께 추억을 쌓는 재미도 쏠쏠하다고 생각한다.

나에게 좋은 선배를 말하라고 하면 인생에서 나를 리드해 주신 교수님이자 선생님을 들 수 있다. 이분은 학문적인 면에서 나보다 늘 앞서 나가신 분이기에 늘 존경의 마음을 가진다. 고려대 영어교육과 김충배 교수님을 비롯하여 서울대 법대 정상조 교수님은 학문적으로 나에게 영감을 많이 주신 분이다. 이분들 덕분에 난 학문적으로 많이 성장했고 또 박사의 꿈도 이룰 수 있었다고 생각한다. 사실 난 늘 선배에 대한 갈망이 있었다. 워낙 집안에서 사랑을 많이 받고 자라다 보니 밖에서도 어쩌면 이렇게 마음 따뜻한 선배에 대한 갈망이 늘 있었던 것 같다. 그런데, 다들 자기 살기 바쁘니까 선뜻 나서서 나를 챙겨주고자 하는 분이 안 계셨던 것 같다. 어쩌면 혼자서도 뭐든 척척 잘 알아서 하니까 굳이 나를 도와줄 생각을 못 한지도 모른다. 그러므로 돌이켜보면 난 뭔 일이든 스스로 챙겨가면서 나의 길을 개척해나갔던 것 같다.

나쁜 선배에 대한 기억이라면 늘 그렇듯이 해주는 것은 없으면서 선배로서의 권위를 내세우는 일명 꼰대 같은 분들이 아마도 나에게는 그렇게 썩 좋은 인상으로는 남아있지 않다. 아무래도 내가 자유로운 영혼이다 보니 늘 후배들도 나와 대등한 입장에서 같이 친하게 지내려고 노력하는데 간혹 선배랍시고 일명 똥폼이나 잡고 으스대는 경우 난 그렇게 매력을 느끼지 못하는 것 같다. 지금은 나름 유명 대학에서 교수로 재직 중인 명망 높으신 분이지만, 그분은 영국 유학에서 늘 선배로서 권위를 내세우며 나에게 쌍심지를 켰던 것 같다. 어느 순간, 너무 지나치게 권위적으로 대하니까 되도록 같이 함께해야 하는 파티 석상은 모습을 드러내고 싶지 않았던 것 같다.

젊음의 추억은 누구에게나 있는 것 같다. 사실 나도 내 인생을 돌이켜보면, '내가 언제 이 나이를 먹었지?' 라는 생각이 하루에도 수십 번 들곤 한다. 내 젊음의 추억이라면 정말 반듯하게 그냥 모범생의 삶을 살았던 것 같다. 그 흔하디흔한 일탈 한번 없이 그냥 주어진 삶에 묵묵히 살았던 것 같다. 내 삶은 공부로 시작해서 공부로 끝난다고 해도 과언이 아닐 만큼 공부에 전력 질주하며 내 인생을 그렇게 보낸 것 같다. 그렇다고 학문적으로 위대한 업적을 이룬 것은 아니지만, 공부는 늘 인생의 동반자로 그렇게 함께했기에 공부에 관해서라면 아무래도 다른 사람보다는 좀 더 길게 얘기를 해줄 수 있을 것 같다. 그런데도 젊음의 추억에 관해 이야기하자면 아무래도 유학 생활 중 함께 했던 친구들과 애틋한 그리움일 것이다. 지금은 어디에서 다들 무엇을 하고 지내는지 궁금하기도 하고, 훗날 한국에 돌아와 외대부고의 창립멤버로 12년 넘게 외대 교육대학원 교수를 병행하며 학생을 가르친 기억이 나에게는 그리움의 대상이 되곤 한다. 지금까지도 연이 닿은 제자들 같은 경우에는 꼭 청첩장을 돌리면서 자신의 결혼식에 참석해서 자신의 기쁨에 함께해주길 원한다. 당사자 결혼을 축하하는 의미도 크지만, 그 자리에 가면 한동안 만나지 못한 제자들을 한꺼번에 만날 수 있는 모임의 자리이기도 하기에 되도록 그런 자리에는 참석하려고 한다.

내 젊음의 추억은 제자들과 아름다운 기억들로 같이 엮여 있다고 해도 과언이 아니다. 당시 제자들을 인솔하여 미국 서부와 동부를 1달간 여행했던 기억은 아직도 신선한 느낌으로 남아있는데 이때의 추억을 발판삼아 학생들은 미국 명문대를 진학한 것 같다. 그리고 역시 제자들과 함께 아프리카 모로코를 비롯한 오지를 여행하면서 봉사활동고 하고, 견문을 넓힌 1달간의 추억도 너무나 아름답게 남아있다. 그렇게 긴 시간 동안 아프리카 여행은 난생처음이었기에 흙벽돌로 만든 호텔에 머무는 것도 당시엔 그다지 유쾌한 경험은 아니었지만 그래도 거기에 숙소를 잡고, 밤이면 낯선 곳을 돌아다니며 원주민들이 추는 벨리댄싱에 몸을 맡기고 사하라 사막에서 북두칠성 별을 바라보는 것도 너무나 생경하면서도 아름다운 추억이었다. 늦은 밤, 무희들이 원주민 음악에 맞춰 너무나 과격하게 춤을 추어 제발 그만 멈춰달라는 의미로 팁을 줬더니 오히려 이를 오해하여 감사의 의미로 더 시끄럽게 늦게까지 춤을 추어 새벽녘 출발하는 낙타 여행에 치명적 영향을 줬던 것도 돌이켜보면 아름다운 추억이다. 내 몸이 너무나 무겁고 뚱뚱해 힘에 겨웠는지 목적지에 도착하자마자 냅다 땅에 내리꽂으며 신나게 웃는 낙타의 해맑은 모습이 아직도 신선한 기억으로 남아있다. 하지만, 어설프게 유도라도 배워뒀기에 전방회전 낙법을 통해 다행히 몸 다치는 사고는 피할 수 있었다. 사실 낙타 타기가 화면상으로는 엄청 낭만스러워 보일지 모르지만, 장시간 타게 되면 사타구니 쪽이 다 헐고 엉덩이가 찢어질 듯 아프면서 얼른 내리고 싶은 마음밖에 들지 않는다. 그런데도 수백 명의 낙타행렬을 뒤에서 바라보며 사하라 사막을 여행하는 것은 그것만으로도 엄청난 축복이라고 생각한다.

고마운 사람들을 꼽으라면 당연히 영국 유학 시절 만난 수전 할머니를 꼽고 싶다. 아직도 너무나 미안한 것은 지금은 연락이 끊겨 제대로 한국에 한 번 초대하지 못한 것이 못내 가슴에 한으로 남는다. 유학 시절, 수전 할머니는 늘 유학생에게 대모처럼 친절함으로 배려해주신 분이다. 낯선 땅, 영국에서 유학생들이 겪을 심적인 외로움을 달래주기 위해 주말이면 늘 유학생과 함께하시면서 친엄마처럼 다정하게 대해주셨고 심지어 당신의 집에서 음식 대접은 물론 다양한 파티에 초대해서 함께 해주시곤 하셨다. 내 기억에는 주말마다 영국에 있는 모든 교회를 수전 할머니 덕분에 다 투어를 한 느낌이다. 그리고, 백작 파티에 나를 초대해서 성대한 모임에서 잊지 못할 인생 추억을 만들어주신 것도 기억에 남는다. 백작 집에 갔더니 강아지 집이 정말 웬만한 보통 사람 집에 견주어 부족함이 없을 정도로 엄청난 규모를 자랑했고, 영국 음식이 사실 그렇게 맛없는 것은 아니지만 그래도 영국에서는 음식 타박이나 불평을 하면 안 된다는 말이 있을 정도로 때로는 실망하기도 하는데 백작 집에서 접한 음식들은 상상 그 이상이어서 깜짝 놀란 적이 있다. 이 모든 추억은 수전 할머니 덕분에 가능했다고 생각한다. 다시 한국으로 오면서 수전 할머님이랑 연락이 끊겼는데, 언젠가 다시 영국을 가서 수전 할머니를 수소문했지만 이미 사시는 곳에서 이사하셔서 그 뒤 안부를 알 수가 없다. 내가 한국에서 훌륭한 사람이 되어 거물급 인사가 되면 'TV는 사랑을 싣고'라는 프로에서 할머니를 찾고 싶었는데 아직 그만큼 인지도가 없어서 할머니를 못 찾고 있다. 너무나 아쉬운 마음 간절하지만, 어쩌면 너무나 많은 시간이 흘러 하늘나라에서 행복하게 여유를 즐기시는지도 모르겠다. 유학생에게 늘 사랑을 베풀어주신 수전 할머니가 오늘따라 더더욱 그립고 보고 싶어진다.

가끔 나보고 어떻게 그렇게 많은 사람과 친하게 지내느냐며 질문을 하곤 한다. 좀 필요없는 인간관계를 정리해야 하지 않냐며 질문을 하곤 하는데 나는 굳이 인간관계 정리라는 그런 거창한 표현은 잘 모른다. 어떻게 세상 사람이 나와 같은 마음을 갖고 살 수 있을까? 어릴 때는 철모르는 마음에 내가 10을 해주면 얼추 8이라도 해줘야 내 마음이 위로를 받는 느낌이었다. 그런데, 시간이 지나 한 살 한 살 나이를 먹어가면서는 1-2라도 해주면 그냥 감사하다는 마음이 들었다. 굳이 내가 타인에게 선의를 베풀 때 뭔가 바라면 처음부터 그 행위는 무의미한 것이다. 전혀 기대를 바라지 않고 선의를 베풀어야 오히려 내 마음이 편해지는 것 같다. 내가 누군가에게 잘해줬는데 상대는 이를 몰라주고 모른척한다면 다음에 나도 그렇게 정성을 들이지 않으면 되는 것이다. 그리고, 돌이켜서 생각해볼 때 그래도 내가 베푸는 것이 맘 편하면 그렇게 하면 되는 것이다.

인간관계에서 더하기 빼기를 너무 심하게 생각하면 그 어떤 인간관계도 맺어질 수 없다고 생각한다. 그리고, 인간관계 정리라는 말이 어떤 의미로 다들 하는지는 알겠지만, 무 자라듯 싹둑 누군가를 쳐내기보다는 서서히 자연스럽게 연락을 줄여가거나 만난 횟수가 답보상태이거나 없어지다 보면 자연스레 멀어진다고 생각한다. 어느 날 갑자기 상대에게 '나 이것 때문에 너 더 만나지 않을 거야!' 라는 말로 인간관계를 정리하지는 않을 거로 생각한다. 서서히 만남이나 메시지를 주고받는 횟수가 줄어들다 보면 자연스레 마음도 멀어지게 마련이다. 물론 '굳이 왜 만남을 이어가는 게 중요하냐?' 고 묻는다면 그것이 인간관계의 가장 기본적인 삶이기 때문이다. 만나서 같이 밥도 먹고 얼굴을 마주 보고 이야기도 나누면서 인간적인 교감을 하기 때문이다. 인간관계 정리라는 말로 굳이 상대와 악감정을 쌓을 필요는 없다고 본다. 당장은 나에게 그다지 우호적이거나 적대적으로 보이는 사람일지라도 언젠가는 또 나랑 어떻게 엮일지는 아무도 모르기 때문이다.

요즘 내가 생각하는 행복이란 그렇게 거창한 것이 아니다. 넓고 좋은 아파트에서 사는 것이 젊은 청춘들의 꿈일 수 있지만 나 역시도 그런 세속적인 꿈을 바라지 않는 것은 아니지만 요즘 들어 어르신 말씀을 떠올리면서 깨닫는 사실은, 정말 건강하게 자유를 만끽하는 것이 가장 큰 행복이라는 것이다. 생활에서 느끼는 정말 소소한 행복이 얼마나 나에게 소중한지 모른다. 어느 날, '이러한 나의 소박한 행복이 깨지면 어쩌지?' 라는 두려움이 엄습하기도 한다. 그냥 우리 집 가정에서 일어나는 소박한 일상들이 절대 그리듬감이나 흐름에서 벗어나지 않고 딱 지금 이대로의 상태로 이어지길 간절히 바라는 것이다.

정기검진을 받는다고 병원을 가다 보면 늘 환자를 많이 접한다. 휠체어나 베드에 몸을 기댄 채, 힘없는 눈으로 허공을 바라보시는 환자분들을 뵈면 우리가 밖에서 살면서 간절히 바라는 세속적이고 물질적인 바람들이 얼마나 헛된 허상인지 깨닫게 된다. 물론 열심히 사는 것은 당연지사 바람직하지만, 그렇다고 과도하게 일을 벌여 이로 인해 지나친 스트레스를 받거나 신체에 탈을 일으켜 병원에 입원하게 된다면 과연 그러한 헛된 꿈들이 무엇인가에 대해 깊이 고민해봐야 한다. 나 역시도 이제 인생을 조금 아는 나이가 되고 보니 늘 건강에 신경 쓰게 되고 행여 병원에서 의사 선생님이 극단적인 처방을 말씀하시면서 이렇게 하지 않으면 정말 큰일 난다는 말씀을 하시며 으름장을 놓으면 난 위축될 수밖에 없고 그런 날은 종일 일이 손에 잡히지를 않는다. 그만큼 건강이 가장 중요하다는 말인데 젊어서는 건강은 허락되는데 돈은 없고, 나이가 들면 이제 어느 정도 돈은 있는데 이를 누릴 건강이 허락되지 않아서 어차피 인간의 삶은 고뇌와 번민이 가득한 변화무쌍한 곳이라는 말이 딱 들어맞는 것 같다.

나의 어린 시절과 지금의 나, 그리고 미래의 나를 그려보면 내 인생이 어떻게 나름 파란만장하게 펼쳐졌는지 생각하게 된다. 평생 누군가를 가르치는 일을 업으로 살아왔고 이제는 글을 통해 세상에 조금은 보탬이 되고자 하며 앞으로는 장학재단 만들어서 가난으로 힘들어하는 이들에게 선한 영향력으로 도움이 되고 싶다. 언젠가 학생들과 함께한 보육원에서의 봉사활동은 아직도 신선한 충격으로 남아있다. 세상에 이렇게 천진난만하고 순수한 아이들을 어떤 연유로 버릴 수밖에 없는지 그 수많은 사연을 들어보고 싶었다. 세상에 사연 없는 사람은 없다고 다들 나름의 이유는 있겠지만 그렇다고 무턱대고 자녀를 낳은 후 이렇게 보육원이나 보육원에 버려두는 것도 바람직하지는 않다. 아무리 이러한 시설이 좋고 훌륭하다고 해도 어떻게 나를 낳아주신 부모님과 함께하며 보내는 소중한 시간과 비교할 수 있을까? 연일 뉴스에 보도되는 일정 나이가 되면 단돈 500만 원을 들고 보육원을 나와 자립해야 하는 청춘들의 삶을 보면 너무나 가슴 아파 나도 모르게 눈물이 흐르곤 한다. 이들에게 힘이 되고 싶다. 그런데, 과연 내가 얼마나 힘이 될 수 있을지 때로는 두렵기도 하다. 괜히 선의를 갖고 시작한 일이 끝까지 책임지지 못한다면 이는 또 그 누군가에게는 상처가 됨을 너무나 잘 알기에 난 늘 조심스러운 마음으로 준비하는 것이다. 언젠가는 이들에게 따뜻하게 다가가 좀 더 가까운 곳에서 손을 내밀 수 있는 사람이 되고 싶다.

이처럼 글이란 다양한 소재와 주제를 갖고 다채롭게 표현할 수 있다. 우선 글쓰기가 너무 막막하다면 내가 방금 위에서 제시한 이러한 소재들을 바탕으로 솔직하게 글을 써 내려 가보는 것은 어떨까? 굳이 누군가에게 읽힐 목적으로 거창하게 글에 접근할 필요는 없다. 자기 고백적인 형태를 빌어 자신만의 감정에 솔직하게 글을 써 내려가면 그걸로 충분하다고 생각하며 행여 나중에 이러한 글이 활자 인쇄되어 독자에게 읽힌다고 해도 너무 어려운 말로 현학적인 지식을 자랑하는 글보다는 마음이 들어간 따뜻한 글을 통해 독자들은 오히려 더 진한 감동하게 된다.

4.

쓰고자 하는 도전 및 글쓰기 효과

모든 일이 그러하듯 글 역시 우선 글쓰기에 도전하는 것이 첫 번째 과제이다. 막연하게 글을 쓰겠다고 하고서는 넋 놓고 있다 보면 아예 글쓰기 자체가 이루어지지 않는다. 펜을 잡거나 자판에 손을 올려 하나의 주제를 잡고 글쓰기에 과감하게 도전해야 한다. 시작이 반이라고 우선 글쓰기를 마음먹는 순간 이미 절반은 성공한 것이다. 주변에도 글을 써보겠다고 도전은 하는데 막상 원고지 한 장을 채우지 못한 경우가 있지만. 나의 소소한 조언을 받아들여 우선은 가족에게 편지 쓰는 것부터 시작해서 글쓰기를 시작하는 때도 있다. 거듭 말하지만, 굳이 거창한 글쓰기부터 시작할 필요는 없다. 사랑하는 자녀가 있다면 자녀에게 쓰는 편지글, 아내와 남편에게 못다 한 감사함을 표현하는 글-여기서 절대로 분노를 유발하는 원망의 글이 되어서는 안 됨, 부모님께 드리는 감사의 글, 형제자매에게 전하는 과거의 추억을 떠올리는 아름다운 글, 반려동물인 강아지나 고양이에게 전하는 마음 따뜻한 글, 평소 친하게 지내면서도 솔직한 마음을 표현하지 못한 친구에게 전하는 마음이 담긴 글, 자기 자신에게 평소 하지 못했던 글 등 다양한 형태를 통해 다양한 대상자에게 글을 전할 수 있다. 말하는 대사체도 좋고 아니면 '-했다' 또는 '-했습니다.' 와 같은 자연스러운 표현으로 마음을 전함으로써 글쓰기의 효과를 높일 수 있다.

사실 나도 첫 책이 나오기까지 무려 거의 6년이라는 기나긴 시간이 걸렸다. 생각보다 여러 가지 변수가 많았기 때문이다. 하지만, 처음 단편 소설을 썼던 대학교 학창 시절로 거슬러 올라가면 당시엔 원고지 100매가 넘는 분량을 하룻밤 사이에 다 썼는데, 느낌이 충만한 당시의 젊음이 크게 작용했다고 생각한다. 하긴 요즘도 필 받으면 하루나 이틀에 책 1권을 완성하기도 한다. 물론 완성도에 있어 얼마나 훌륭했는지 묻는다면 이에 대해서는 큰소리칠 형편은 아니지만, 일단은 책 한 권을 자신 있게 썼다는 사실만으로도 난 감사를 드린다.

고백하자면, 올해도 내가 10여 권이 넘는 책을 출판하면서 주변에서는 한꺼번에 너무 많은 다작을 한다고 우려하기도 했지만, 막상 글을 쓰고자 하는 욕구가 용솟음치면 다른 일은 다 제쳐두고 오로지 글쓰기에만 몰두하다 보니 이렇게 글쓰기가 가능하다고 생각한다. 그런데, 나처럼 이렇게 글쓰기에만 몰두할 수 없다면 평일 점심이나 저녁때 시간을 짬 내 조금씩 써 내려가는 것도 좋다. 차곡차곡 글이 쌓여가는 것을 보면 마치 은행에 저축한 돈이 불어나는 것처럼 기분 좋음을 느끼게 된다.

그렇다면 왜 이렇게 힘겨운 글쓰기를 해야만 하는 것일까? 나름의 효과가 있으므로 힘들어도 글을 쓴다고 생각한다. 우선 개인적으로 볼 때 글쓰기는 자기반성 효과가 뛰어난 것 같다. 나도 사실 나의 삶에 대해 그냥 가만히 지나치기만 한다면 아무런 의미가 없는 일들이 곰곰 생각하면서 기억을 떠올려 활자화시키는 가운데 나의 삶에 대해 수많은 생각과 더불어 반성을 하게 된다. 반성이라는 것이 굳이 학교에서 써내는 그런 잘못에 대한 반성이 아니라 자기성찰의 시간을 갖게 된다는 말이다. 아쉬웠던 순간에 대해 다시는 그런 오류를 범하지 않겠다는 생각과 더불어 재밌고 흥미로웠던 추억에 대해서는 다시 한번 그런 기회를 만들고 싶다는 기대감이 자리 잡게 되는데 이러한 긍정적 시그널은 오로지 글쓰기를 통해서만 가능하다고 본다. 그러면서, 평범한 나의 일상이지만 이러한 과정을 통해 내가 사회에 쓸모있는 존재이며 나의 소박한 삶이지만 이러한 과정들이 사회발전에 이바지할 기회가 됨을 깨닫기에 그걸로도 만족을 얻을 수 있다.

누구나 인간은 사회에서 각자 맡은 역할에 충실하면서 살아가게 되는데 굳이 겉으로 드러낸 거대한 일을 하지 않는다고 사회 구성원으로서의 책무를 다하지 않는 것은 아니다. 우리가 살아가는 사회는 수많은 구성원이 각자 자기가 맡은 곳에서 책무를 다하기에 잘 돌아가는 것이다. 만일, 길거리를 청소하시는 분께서 청소하시지 않거나 백화점에서 주차관리를 해주시는 주차요원의 손길이 단 몇 분이라도 멈춘다면 우리는 이렇게 평범한 일상생활을 누릴 수 없는 것이다. 각자 자기가 주어진 공간이나 시간 속에서 제 역할을 다하기 때문에 불편함 없이 생활하게 되는 것이다.

언젠가 친구들과 식사를 하고 돌아오는 길에 어떤 친구가 이런 말을 했다. 왜 미국이나 영국, 호주 등에서는 배관공이 그렇게 돈을 많이 버는지 의아해했다. 그리고 그렇게 배관공이 필요한 곳이 많은지도 의심스럽다고 했다. 사실 우리나라야 요즘은 아니지만, 과거 공고를 나오거나 기술 쪽 일을 하시는 분들에 대해 그렇게 우대와 존경을 표하지는 않았었고 그런데도 그분들은 최고의 기술로 사회 곳곳에서 큰 역할을 하셨는데 내가 생각하기에 그분들이 가진 재주에 비해 사회적으로 큰 경제적 대우는 받지 못했다고 생각한다. 그냥 배움이 짧아서 그런 일을 한다고 사회적으로 치부하던 시절이 있었는데 세월이 흘러 요즘은 이분들에 대한 사회적 인식도 많이 달라졌다고 생각한다. 조금 전 언급한 선진국의 경우, 아무래도 보통 사람들이 꺼리는 힘든 일에 대해 일찍 그 가치를 인정하는 문화가 발달했다고 생각한다. 그러므로 이분들에 대해 경제적으로도 그 가치를 인정하여 일명 돈을 많이 버는 직업으로 통했지만, 우리나라는 유교 문화에 따라 문인을 우대하고 기술 양인을 그 아래로 생각하는 관습이 전해져 근대사회까지 이르렀고 이로 인해 기술직은 펜대를 잡는 사무직에 비해 그 노고를 인정받지 못하다가 최근 들어서는 이제 그 가치를 인정하는

쪽으로 문화가 바뀌어 가고 있다고 생각한다. 나 역시도 앞으로도 더더욱 이런 문화가 필요하다고 생각한다. 육체적인 노동은 물론 이런 기술을 가진 전문가들을 우대하는 사회가 선진사회라고 생각하며 이분들이 있기에 우리가 편하게 살 수 있다고 생각한다. 즉 각자 맡은 분야에서 최선을 다하고 자리매김을 하기에 우리 사회가 별 탈 없이 돌아가는 것이다. 이처럼 글쓰기를 통해 내가 가진 재능에 대해 다시 한번 돌이켜보면서 그 값어치와 소중함을 깨닫고 나아가 사회에 이바지하는 긍정적 측면에 대해 감사를 드릴 수 있게 된다.

5.
메모부터 시작하기

예전에 이하윤 수필가님의 메모광이라는 에세이가 생각난다. 늘 메모를 해야 하기에 메모광이라는 별명이 붙었는데 어쩌면 글을 잘 쓰기 위해서는 이런 메모습관부터 길들이는 게 중요하다고 생각한다.

하루하루의 일과나 인상 깊었던 일에 대해 사실 전부 글로 표현하는 것은 무리가 있다. 나 같은 경우는 그나마 핸드폰에 저장된 찍어둔 사진을 보면 과거의 어느 시점에 어떤 일이 일어났는지 보다 소상하게 기억할 수 있다. 가끔 내가 사진을 같이 찍자고 하면 다들 왜 그렇게 사진 찍는 데 열중하는지 다소 의아스럽게 생각하는 친구들도 있지만, 이제는 추억을 남기고 시간이 지난 후 나의 흔적은 물론 자기네 흔적도 고스란히 아련한 추억으로 남기고자 함을 너무나 잘 알기 때문에 다들 사진 찍는 데 동의한다. 사진을 찍고 있노라면 각자 자기의 개성에 맞는 표정을 짓는데 나로서는 이런 표정을 시간이 지난 후 찬찬히 훑어보는 것도 하나의 큰 소일거리이다.

그리고 생각나는 대로 대충 어떤 일이 있었는지를 간단하게 기록해두면 나중에 글을 쓰는데 상당히 도움이 된다. 이런 얘기하면 좀 그렇지만 사실 예전에 비해 나 스스로 생각할 때도 참 기억력이 떨어지는 느낌이다. 뭔가를 하려고 핸드폰을 열었는데 뭐 하려고 열었는지 순간 기억이 나지 않다가 한참 지나고 나서야 내가 해야 할 일들이 떠오르곤 한다. 너무 심각하게 생각했더니 이제 그럴 나이가 되었다며 당연하게 받아들이라고 충고나 위로를 하곤 한다. 그렇다! 어떻게 예전처럼 그렇게 두뇌가 활발하게 돌아가길 바라겠는가? 기계도 몇 년 쓰면 닳고 헤지는데 하물며 인간의 몸이야 두말해서 뭐할까? 시간이 지나면 당연히 근육도 줄어들고 얼굴에 주름도 지고, 기억력도 쇠퇴하고 모든 것들이 기능이 하나둘씩 떨어져 결국에는 우리가 원하든 원치 않든 모두 정해진 길을 걷게 된다.

사실 요즘 죽음에 대해 이런저런 생각을 하게 되는데, 주변에서는 너무 이르다고 오버하지 말라고 하는데 일본의 경우에는 미리 관에 들어가서 죽음을 맞이할 경우를 천천히 대비하는 것이 유행이라고 한다. 왠지 관에 들어가면 세상살이에서 하루가 멀다고 발버둥 치면서 살았던 모든 것들이 그저 지나가는 바람처럼 겸허하게 받아들여진다고 한다. 어차피 공수래공수거라는 말처럼 빈손으로 왔다가 빈손으로 가는 게 인생인데 우린 그 무엇을 위해 이렇게 발버둥 치는지 심지어 나 자신조차고 모를 때가 많다. 과도한

욕심을 버리고 겸허한 마음으로 살아야 하는데 하루하루는 그렇지 않기에 인간의 욕망은 끝이 없다는 말이 나오나 보다. 죽음에 대해 생각한다는 것은 그만큼 지금 내가 사는 이 순간의 소중함을 떠올리며 하루하루 충실히 보내는 것을 의미한다. 만약 내일이 없다고 생각하면 얼마나 하루를 알뜰하게 보내려고 노력할 것인가? 나 역시도 그러한 마음으로 죽음에 대해서 생각하는데 비록 셸리 케이건처럼 죽음에 대해 지나치게 철학적으로 생각할 필요는 없지만 그래도 언젠가는 죽게 되는 우리의 인생에 대해 겸허한 마음으로 돌이켜볼 필요는 있다고 생각한다.

다시 메모로 되돌아와서 이야기해보면, 아침에 일어나서 하루에 할 일들을 메모 정리하는 습관을 들이고, 하루 중 의미 있었던 일에 대해 메모장에 기록하면서 나의 삶에 대해 반추하는 것은 의미가 있다. 그리고 이러한 메모 활동을 통해 정리하는 습관을 들이다 보면 나중에 글을 쓸 때도 보다 체계적으로 작품을 구상하고 논리적으로 글을 써 내려갈 수가 있다. 그런 면에서 메모 활동은 참 좋다고 생각한다. 사실 나 역시도 메모하면서 굳이 종이를 가리지는 않는다. 내 눈에 보이는 종이라면 그 무엇이 되든 생각나는 대로 기록을 남기고 이를 토대로 나중에 글감을 찾아 글을 쓰게 된다. 가끔 번뜩이는 기지가 떠오르면 핸드폰 메모난에 당장 필기하기도 하는데 그렇게 글 쓰는 작업은 시작된다고 생각한다.

과연 오늘 일과 중에서 가장 의미 있었던 일은 무엇이며 이러한 활동이 나에게 어떤 의미가 있으며 이로 인해 내 삶이 어떻게 변했는지 조용히 기록해보는 것은 상당한 가치가 있다. 굳이 많은 철학책을 읽어서 현자의 말을 인용하여 글을 쓰기보다는 때로는 나의 감정에 충실하고 솔직하게 글을 씀으로써 나는 물론 이를 읽는 타인에게도 큰 감동을 줄 수 있다고 생각한다.

지금부터 당장 메모하는 습관을 들여보도록 하자! 그리고, 그렇게 메모한 활동을 통해 나의 삶에서 감사한 부분과 아쉬운 부분, 그리고 반성할 부분을 하나하나 찾아내어 글로 표현해보면 아주 좋은 글쓰기 과정이 되리라 생각한다.

6. 자투리 시간 활용하기

현대인은 누구나 다 바쁘다. 바쁘다는 말을 입에 달고 사는 사람도 많다. 그런데, 엄밀하게 따져보면 잠시 휴식을 못 쉴 정도로 그렇게 바쁠까 생각해보면 또 그렇지도 않다. 바쁘지만 그 가운데 한가로운 여유를 즐기라는 성현의 말씀이 틀린 것도 아니다. 망중한이라는 말이 달리 생긴 것이 아니라 생각한다.

주변에도 이제 갓 초등학교나 유치원에 입학해서 다니는 자녀를 둔 젊은 30대나 40대 초반 동생들을 보면 늘 삶에 지쳐 바쁘다는 말을 입에 달고 산다. 직장생활에 지쳐 힘들기도 하고, 육아에 지쳐, 때로는 아내의 잔소리에 지쳐 힘들다고 하면서도 또 언제 그랬냐는 듯이 여행 가는 것을 보면 그렇게 바쁘지만은 않은 것이다. 하루하루 힘들고 바쁘지만, 또 시간을 내어 자신의 삶을 꾸려나가는 것이다.

글쓰기도 마찬가지이다. 자신이 위대한 작가가 아닌 이상 일상적으로 글쓰기란 쉽지는 않겠지만, 하루의 일과 중 규칙을 정해 특별한 시간에 자신을 돌이켜보고 인상 깊었던 내용을 글로 표현하면 상당히 도움이 된다. 예를 들어, 직장동료와 식사한 후 잠시 사무실로 들어와 커피 한 잔 마시면서 하루의 반나절을 명상할 수도 있고, 하루의 일과가 끝나 집에 귀가한 후 직장 나간 아내가 돌아오기까지 잠시 짬을 내어 글을 쓸 수도 있다. 유치원이나 학원에 간 자녀가 돌아오기까지 잠시 시간을 내어 글을 쓸 수도 있다. 설거지하고 나서 커피 한 잔 마시면서 잠시 글을 쓸 수도 있다. 중요한 것은 엉덩이를 한 곳에 붙이고 자신만의 영역과 공간에서 오롯이 글쓰기에 몰두하는 것이다. 설령 너무나 분잡스러워 정신이 없는 공간에서도 사람의 성향과 취향에 따라 다르겠지만 어디서든 글을 쓸 수는 있다.

중요한 것은 마음가짐이다. 얼마나 내가 글쓰기에 몰두해서 하나의 작품을 완성할 것인가에 달려있다. 그리고, '내가 어떻게 감히 글을 써?' 라는 이러한 생각을 접어두는 작업이 우선시되어야 한다. 글은 처음부터 유명한 작가만이 쓰는 전유물이 아니다. 조선 시대에야 글이 하나의 지식계층을 상징하면서 권력을 상징하는 수단과 도구가 되었지만, 요즘은 누구나 한글을 알고 있는 상태에서 한글이라는 매개체를 통해 충분히 사람에게 자신이 원하고 희망하는 메시지를 전달할 수 있다. 하지만, 윤리의식이 모자란 상태에서 그저 내뱉기만 하는 글은 자기 혼자서 보는 거로 만족해야 한다. 정제되지 않은 글은 자신은 물론 이를 읽는 대다수 사람에게 일명 민폐가 되거나 독소가 되기 때문이다. 꼭 아름답고

화려한 글을 쓸 필요는 없다고 해도 최소한 악영향을 미치는 글을 쓰면 곤란하다. 차라리 글을 쓰지 아니함만 못하기 때문이다.

자신에게 주어진 시간을 한 번 계산해보는 시간이 필요하다. 아침에 일어나서 출근하기까지의 시간, 만일 자녀가 있다면 등·하원 시키는데 들어가는 시간, 직장에서 일과 중 해야 하는 업무에 소비하는 시간, 귀가 후 자녀 식사하는데 들이는 시간, 자신의 체력관리를 위해 운동하는데 들이는 시간, 아내와 그래도 커피 한 잔 마시면서 이야기 나누는데 들이는 시간, 그리고 자신의 감정을 정리하고 마음을 다스리며 글을 들이는데 투자해야 하는 시간, 이 모든 것을 정리하고 생각하면 자신의 삶이 어떻게 돌아가는지 알게 된다.

요즘 현대인들은 너무나 바쁜 삶에 지쳐 젊은이들 사이에서조차 멍때리기가 유행하고 있다. 굳이 시스테믹하게 돌아가는 바쁜 삶을 왜 살아야 하는지 의문을 품고 아무것도 하지 않은 채 그냥 망연자실 가만히 있는 것이다. 그러면서 힐링을 한다고 하는데 일면 이해 가는 부분이 있다. 누구나 바쁘게 살다 보면 에너지가 소진하여 번아웃 현상이 나타나기 마련이다. 이 경우 가장 필요한 것은 에너지 충전과 휴식이다. 이를 위해 혹자는 여행을 통해 스트레스를 풀기도 하지만, 여행을 가기 위해 짐을 꾸리고 준비하는 과정에서 또 다른 스트레스를 받는 예도 있으므로 차라리 아무것도 하지 않는 게 좋다고 판단하는 것이다.

친한 동생 중에 경중이는 늘 주말이면 때로는 직장상사와 캠핑하러 가기도 하고 때로는 처가 및 본가 가족들과 여행을 즐기는데 어느 순간 나에게 이런 말을 했다. 이렇게 여행 가서 즐거운 것도 있는데 본인이 처음부터 끝까지 모든 것을 준비해야 하는 처지에서는 어느 순간 여행이 즐거운 게 아니라 고통으로 느껴진다는 것이다. 물론 워낙 사람을 좋아하는 성격이라 이것저것 챙기면서 타인을 배려하는 마음이 아름다운 것은 사실이지만, 그렇게 끊임없이 남을 챙기는 가운데 정작 자신의 힐링은 이루어지지 않는다. 그렇게 따지면 타인을 위한 삶에서 보람을 느낀다고 말하는 이들은 분명 성인의 경지에 도달한 것이 분명하다. 단순히 타인이 기뻐하는 모습에서 즐거움을 찾기엔 나 역시도 이런 일들을 많이 해봐서 아는데 육체적인 고통은 아예 생각하지 않고 오로지 정신적인 만족감이나 충족에 포커스를 두고 일을 진행해야 한다.

그래서 하는 말이 아무것도 하지 않고 자투리 시간에 글쓰기보다는 차라리 그냥 멍때리기를 통해 힐링하는 것이 좋다고 하는 사람이 있음을 인지하고 말하자면, 그렇게 해서 힐링하는 것을 좋아하는 사람이 있지만 반면에, 바쁜 삶에서 글을 통해 자신을 한 번 더 정리하고 다스리는 시간과 과정을 통해 새로운 기쁨을 느낄 수 있음을 말하고 싶다. 지금, 이 순간도 사실 글을 쓰면서 나는 많은 생각에 잠긴다. 글쓰기를 멈추고 옆에서 산책가자고 보채는 우리 집 빌리를 데리고 밖에 나갈 것인지 그런데도 꿋꿋하게 앉아서 글을 쓸 것인지 진퇴양난 갈림길에서 '한 자만 더 쓰고 밖에 나가야지, 한 문장만 더, 한 단락만 더!' 라는 생각으로 글을 쓰게 된다. 이처럼 글을 쓴다는 것은 누구나 쉽지 않은 과정임을 말하는 것이다. 하지만, 세상에 어떤 일이 수고하지 않고 기쁨으로만 가득 찰 것이란 말인가? 직장도 수고해서 땀 흘려 일하니까 돈을 회사에서 주는 거지, 너무나 회사가 즐겁고 기쁘다면 놀이동산처럼 회사에 돈을 주고 다녀야 하는 것처럼 글쓰기 역시 그저 즐겁고 좋다고만 하면 그것은 거짓말이고, 때로는 자기반성과 숙고의 시간과 명상을 가져야 하므로 힘들 수 있지만 그래도 완성되고 나서 읽게 되면 세상의 그 어떤 스포츠나 유희보다도 더 즐거운 큰 기쁨이라는 말을 해주고 싶고 그렇기에 아무리 바쁜 일상이라고 해도 자투리 시간을 내어 글쓰기에 도전해보라는 이야기를 감히 하는 것이다.

7.
독자를 정하라! 그런데 꼭 독자가 필요해?

사실 자기만의 사색을 정리하는데 굳이 독자를 정할 필요는 없다. 처음부터 누군가에게 보일 글을 쓴다고 하면 상당히 부담스럽다. 우선은 독자를 자기 자신으로 정할 필요가 있다. 나에게 고백 형식으로 글을 쓰다 보면 어느 순간, 독자는 자동으로 정해진다고 생각한다. 나의 삶에 대해 반성하거나 기뻤거나 슬펐거나 즐거웠던 모든 일을 글로 표현하면서 그 하나의 행위나 주변 인물에 대해 내가 어떻게 생각하는지 그리고 이를 통해 내가 무엇을 보고 깨달았는지 그 순간순간의 느낌을 글로 표현하면 상당히 도움 된다고 느낀다.

나는 대체로 처음에는 내가 살아온 부분에 대해 고백하는 글을 위주로 써 내려갔다. 아무래도 교육계에 오래 몸담다 보니 교육 활동을 하면서 학생들에 대해 느낀 점을 진솔하게 써 내려갔고, 그 학생들과의 유대감을 어떻게 지속하며 지금까지 살아왔는지를 가감 없이 표현하고자 노력했다.

그다음은 교육계에 몸담으면서 유치부 학생, 초등부, 중등부,

고등부 학생 및 그러한 자녀를 둔 부모님께 도움이 되는 글을 많이 쓰고자 했다. 대학교와 대학원은 이제 누구의 도움 없이 스스로 자기 삶을 개척할 수 있으므로 이러한 청춘들에게도 감히 인생의 선배로서 조언이 되는 글을 쓰고자 했다. 경험이라는 것은 자고이래로 먼저 겪어본 사람의 사견이라고 해도 여러 면에서 도움이 되기 때문에 내가 겪었던 교육현장에서의 실체를 정확하고 진실하게 전달해주는 것은 상당히 학부모에게 도움된다고 생각한다. 아직 자녀를 공식 상급교육 기관에 보내지 않은 부모로서는 당신의 자녀를 어떻게 교육할지가 가장 관건이다. 영어공부를 어떻게 시킬 것이며, 수학과 국어는 또 어떻게 어느 정도 시켜야 할 것이며, 공부하지 않겠다는 자녀는 어떻게 가르쳐야 하는지, 사탐과 과탐은 어느 과목을 어떻게 선택해서 어떤 방식으로 공부해서 수능을 봐야 할지 이 모든 것들이 학생은 물론 학부모에게는 초미의 관심사다. 당장 중학교를 졸업한 후 고등학교는 집 근처 일반고등학교 가는 게 좋은지, 아니면 경쟁이 치열해도 자소서와 면접 준비를 시켜 외대부고와 같은 특목자사고 명문을 보내는 게 좋은지, 중학교는 청심국제중, 영훈국제중, 대원국제중과 같은 이름있는 국제중을 보내는 게 좋은지, 아니면 이도 아닌 해외 유학을 어릴 때부터 보내서 영어라도 잘하도록 가르치는 게 맞는지, 유학을 보냈다면 계속 외국에 머물게 하는 게 맞는지, 아니면 중간에 한국에 다시 귀국시켜 한국식 교육방식으로 공부시키는 게 맞는지 너무나 천차만별의 변수가 많으므로 어쩌면 나 같은 자칭

타칭 교육전문가가 밥 벌어 먹고사나 보다. 이제는 이런 면에서는 스스로 베테랑이라고 자부할 정도의 교육경험과 노하우를 알기 때문이다.

물론 이렇게 학부모만 나의 독자는 아니지만, 대체로 평생을 그렇게 교육계에 몸담아 왔기 때문에 아무래도 이런 면에서 더 호소력이 있는 것 같다. 언젠가부터 시작하게 된 강연가로서 사람들에게 행복을 전파하고, 기업체 강연을 통해 조직 활성화를 가르치고, 공공기관에서 리더십을 강연하는 전문가로 살아가면서 정말 각계각층의 다양한 사람들을 만났다고 생각한다. 그중에서도 내 기억에 가장 오래 남는 분들은 바로 장애를 가졌지만 이를 극복하고 나의 수업을 통해 인권전문가로 학생들에게 장애인인권교육 강사로 제2의 삶을 사시게 된 분들과의 인연이다. 처음 이분들께 인권교육과 관련한 교육을 제안받았을 때는 너무나 부담스러운 것이 사실이었다. 물론 그전에도 이런 일을 하긴 했고 봉사활동도 했지만, 나의 짧은 선입견에 과연 장애를 가지신 분들이 어떻게 초등학생을 대상으로 인권교육을 하실 수 있을지 많은 걱정이 들었다. 하지만, 나의 기우는 정말 말 그대로 기우였다. 6명을 가르치면서 난 내 생애 가장 진한 감동을 얻을 수 있었다. 처음에는 사실 보여주기식의 강의를 나 스스로 한지도 모른다. 친밀도가 없었기에 어떻게 하면 가장 효율적일지 나 자신도 방향성을 제대로 잡지 못한 채 첫 수업에 임했던 것 같다. 하지만, 그 누구보다도 배움에 간절하고 열정적이신 분들을 뵙고 함께 하면서 또는 그분들의 살아오신 삶을 들어보면서 난 내가 오히려 힐링 되고 돌아오는 기분이었다. 늘 돌아오는 길에는 눈이 퉁퉁 부어 앞이 보이지 않을 정도로 그분들과 함께 하는 수업 자체가 나에게는 새로운 인생 그 자체였다. 58년의 인생을 사시면서 장애인으로 태어나 한 번도 대중교통수단인 버스를 타보지 못했다는 분의 말씀을 들으면서 최근 왜 전장연이 그토록 간절하게 자신들의 의견을 피력하고자 심지어 지하철 시위까지 불사하는지 이해하는 계기가 되었다. 어릴 때부터 소아마비로 인해 초등학교에 혼자 힘으로 가지 못해 늘 엄마의 도움으로 학교에 갔지만, 누구도 돌봐주지 않는 지옥과도 같은 학교생활에서 늘 친구들의 놀림을 받으며 겨우 초등학교를 졸업한 후 어느 순간 공교육을 포기한 채 독학으로 검정고시를 통해 방통대 국문과까지 졸업할 정도의 실력으로 이제는 글을 통해 세상을 변하게 하고 싶다는 분의 이야기를 들으면서 난 한없이 울 수밖에 없었다.

세상에 여러 부류의 사람이 있다. 자신이 태어난 환경에 대해 한없이 불평불만을 늘어놓으며 늘 세상에 적대감을 가진 사람이 있지만, 이처럼 어렵고 힘든 상황에서도 절대 희망의 끈을 놓지 않고 어떻게든 살아보겠다는 마음으로 열심히 생의 끈을 부여잡고 달음박질치시는 이분들께 난 내 생애 가장 뜨거운 존경의 박수를 보내드렸다. 요즘도 간혹 나에게 안부를 물으며 이제는 어엿

한 강연전문가로 학생들에게 장애인에 대해 인권교육을 하며 나름의 행복과 보람을 찾는다는 이분들의 말씀을 들으며 난 무한감사를 드린다. 역경을 견뎌내고 나름의 성공을 하신 분들이 난 너무나 존경스럽다. 굳이 금수저는 아니더라도 삶에 대한 열정만큼은 금수저 그 이상의 동기부여와 삶에 대한 뜨거운 갈망으로 하루하루 삶에 진정 충실하신 이분들이 바로 대한민국을 이끌어나가는 원동력이라고 난 생각한다. 이분들의 독자는 분명 명확했다. 바로 초등학생이다. 자칫 장애인에 대해 잘못된 편견을 갖고 놀림의 대상으로 생각하기 쉬운 어린 시절에 장애인에 대한 올바른 인식을 갖고 같이 더불어 사는 세상에서 서로 도움을 주고받는 동반자의 관계로 인식을 하는 가운데 우리 사회는 조금씩 긍정의 변화를 할 것이다. 이분들은 당신께서 겪었던 고통을 생각하며 더는 우리나라가 기존의 경제적 궁핍함과 차가운 시선에 차가운 골방에서 장애인임을 숨기고 살아야 했던 아픈 과거의 기억이 아니라 이제는 세상 밖으로 나와 당당하게 비장애인과 어깨를 겨누고 살아가는 아름다운 세상을 만들기 위해 노력하는 자랑스러운 우리네 가족인 것이다. 앞으로 난 이분들이 겪은 다양한 삶의 경험을 토대로 세상에 던지는 큰 메시지를 전하는데 미력이지만 도움을 주고 싶다. 그래서, 가장 따뜻한 글을 사람들에게 들려주고 싶다. 최소한 서로에 대한 배려와 이해의 폭을 넓힐 수 있는 그런 계기가 되길 간절히 바란다.

8. 일단 시작하면 반은 성공

우리나라 속담에 '천릿길도 한 걸음부터, 시작이 반'이라는 말이 있다. 나 역시도 처음 무슨 일을 시작할 때 두려움이 앞서서 한참을 망설인 적이 있다. 젊었을 때도 그렇고 요즘도 마찬가지로 새로운 일을 시작할 때 걱정이 앞서는 것이 사실이다. 하지만, 일단 마음먹고 시작하면 완전히 매진하는 성격이다.

의대 준비하는 학생을 컨설팅하는 중에 그 친구가 한 날은 진지하게 자기 친구가 현재 갑작스럽게 진로를 바꿔 항공서비스학과를 준비 중인데 도와줄 수 있는지 물어왔다. 당연히 CS(Customer Service) 교육을 전담하기에 이 정도 대학교 입시는 거의 식은 죽 먹기여서 당연히 도와주겠다고 말했다. 나중에 시후를 만나면서 알게 되었는데, 나한테 자기 남친을 소개해준 것이었다. 미대를 준비하다가 불과 입시를 2달 앞두고 어떻게 이 학생을 가르칠지 사실 난감했다. 하지만, 시후는 정말 외모가 출중하고 무엇보다 요즘 말로 훈남 그 자체였다. 훤칠한 키에 예의 바른 태도는 누구나 호감을 느낄 정도로 반듯함이 몸에 밴 학생이었다. 고3이라는 입시부담 때문인지 수업을 하면서 시후는 늘 걱정이 많았다. 하지만, 우선 마인드 컨트롤을 통해 시후가 너무나 승무원으로서 자질이 있고 적합하다는 말과 함께 이를 토대로 앞으로 아나운서나 앵커 시험도 보자며 시후를 격려하고 안정시켰다. 예상 문항 300개 정도를 만들고 이에 대해 같이 답안을 작성해나가면서 면접 준비를 차근차근 시켰다. 사실 발성부터 목소리 크기, 음의 고저 등 처음에는 서툰 것투성이였지만, 잘할 수 있고 잘한다는 칭찬과 격려의 말을 1시간 수업에 몇 차례나 하면서 최고로 잘할 수 있음을 확신시켰다. 아무래도 생소한 어휘와 표현들을 무조건 암기해야 하기에 어려움이 뒤따라서 차라리 키워드 위주로 내용을 이해하면서 차분히 면접 준비하도록 부탁했다. 그 많은 내용을 외우기란 사실 쉽지 않다. 설령 외운다고 해도 그 답변을 고사장 면접실에서 하기란 절대로 쉽지 않다. 그래서, 각 문항에 대해 이해하고 자기만의 답변으로 만들어 계속 소리 내 읽어보라고 권했다. 그리고 거울 보며 표정연구를 하고 이를 직접 핸드폰으로 촬영하여 들어보면서 부족한 부분을 채워나가도록 부탁했다.

그렇게 힘들어하던 시후도 수업횟수를 거듭하며 점차 면접에 체적화되어가고 있었다. 그렇게 힘들다고 서툴러 하던 시후가 날이 갈수록 점차 진짜 승무원이 된 것처럼 발전된 모습을 보임에 따라 '가르침의 효과가 이렇게 크구나!' 를 절감할 수 있었다. 본인도 힘든 고비가 지나가자 차츰 더 용기를 갖고 열심히 하게 되었다. 이렇게 가르치는 역할이 중요함을 알 수 있었다. 처음에는 원고 그대로 답변을 외우고자 노력했다면 어느 순간, 이를 응용해 모든 상황에 다채롭게 대처하는 능력을 키우게 된 것이다. 사실 가르친다는 것은 그 사람이 가진 잠재력을 일깨워주는 과정이라고 생각한다. 답을 써준 대로만 암기한다면 또 다른 문제가 나왔을 때 대처능력을 떨어지는 것이다. 내가 생각하는 면접은 임기응변 능력을 키워주는 과정이다. 모든 면접의 질문지에 충분히 응대하고 자신만의 생각과 아이디어를 창의적으로 답변하는 가운데 진정 면접관을 사로잡을 수 있는 것이다.

글쓰기도 마찬가지이다. 처음 글쓰기를 하는데 쉽다고 하는 사람은 아무도 없다. 무엇을 써야 할지, 어떻게 써 내려가야 할지, 생각의 전개는 어떻게 이루어나가야 할지, 글 쓰다가 막히면 어떻게 해야 할지 난관투성이다. 그러한 난관을 극복하기 위해 이러한 글쓰기 길잡이가 필요하다. 우선 가만히 앉아서 용쓰지 말고, 당장 펜을 잡거나 자판에서 무엇이든 머릿속에 떠오르는 많은 생각을 글로 표현하는 것이 중요하다. 한 단어도 좋고, 한 문장도 좋고, 이렇게 정리하여 표현하다 보면 어느 순간 자기만의 정리된 사고를 발견하게 된다.

외대에서 교육대학원 교수로 재직하며, 학생들 논문지도와 심사를 할 때도 마찬가지이다. 처음에는 전혀 감을 잡지 못해 힘들어

하는 원생들에게 자신의 관심사를 묻고 뭘 하고 싶은지를 질문한 다음, 이와 관련한 관련 도서를 추천해주고 아이디어를 발전해나가도록 조언해주면 서론부터 시작해서 어느새 논문을 작성하게 된다. 모든 일이 그러하듯 처음 단추를 끼우는 작업이 힘들고 어렵다. 첫 단추가 잘 맞춰지면 그다음은 차례로 순서에 맞게 진행하면 된다.

글쓰기도 처음 컨셉을 어떻게 잡을지 브레인스토밍하면서 이런 저런 생각나는 단어들을 한없이 자판이나 종이 위에 적어보거나 그려본 후 이를 토대로 하나씩 발전시켜 나가면 된다. 그리고, 다른 사람은 어떻게 책을 썼는지 많이 읽어보고 검토하여 자신도 처음에는 약간의 모방의 형태를 통해 자기만의 글을 써 내려갈 수 있다. 그렇다고 절대 그 내용을 그대로 짜깁기하거나 모방하라는 말은 아니다. 어떻게 책이 구성되는지 형태를 보고 자기에게 맞게 편집하여 자기 생각을 펼쳐보라는 말이다.

수많은 제자를 가르치면서 처음부터 면접이 쉽다고 하는 학생은 한 명도 보지 못했다. 예를 들어, 서울대 의대 면접 준비를 할 때도 그렇고, 경영대를 준비하는 학생도 마찬가지이며, 심지어 청심국제중을 준비하는 나이 어린 학생들도 처음에는 뭘 어떻게 해야 할지 몰라 막막해하다가도 하루하루 가르쳐가면 감을 잡고 따라간다. 외대부고 준비하는 학생은 1문항에 대해 무려 4~5분이라는 긴 시간을 답변해야 하는 전국에서 가장 어려운 면접 질문으로 유명하다. 예전에는 문제가 공통문항으로 전혀 예상 밖의 질문이 나오므로 진짜 열심히 준비하지 않으면 아예 답변에 질문하지 못하는 경우도 생긴다. 사실 성인이라고 해도 하나의 주제에 대해 5분간 쉬지 않고 논리적으로 말하기란 쉽지 않다. 이렇게 어려운 관문을 뚫은 학생들이 외대부고에 재학하므로 이 학생들이 당연지사 전국에서 최고로 많은 인원이 서울대 합격하는가 그런 생각이 든다.

글쓰기를 두려워하지 말고 도전하라는 말을 다시금 전하고 싶다. 지금, 이 순간, 이 글을 읽고 있는 모든 분들께 감히 드리고 싶은 말씀은 도전하지 않으면 아무것도 얻는 것이 없다. 세상만사가 어떻게 내 뜻대로 쉽게 움직일까마는 특히 글쓰기는 더더욱 이렇게 어렵고 험난한 초기의 과정과 용기가 필요한데, 막상 시작하고 도전하면 그다음은 의외로 쉽게 움직이게 된다. 그리고, 또 좌초를 만나 한동안 힘들어할 수 있는데, 그럴 때는 너무 지나치게 글을 쓰려고 안간힘을 쓰며 진을 빼지 말고 잠시 사고의 정리를 위해 휴식을 취하며 글을 내려놓는 것도 필요하다. 그렇게 휴식을 취한 후 다시 펜을 잡고 글을 쓰면 또 다른 시각으로 아이디어가 떠올라 그다음을 이어갈 수 있다. 예전에 드라마를 보면 글쓰다 생각이 떠오르지 않으면 마치 글 빚에 쪼들리는 사람처럼 머리를 쥐어뜯고 술이나 담배에 의존하여 아이디어를 짜내는데 전문 작가가 아닌 이상 그러한 수고스러운 과정은 필요 없다고 생각한다.

자! 그럼 준비되었다면 지금 당장 시작해볼까?

9. 책 목차 정하기

일단 책을 쓰겠다고 마음먹었다면 그다음은 '어떤 내용을 어떻게 써 내려갈까?' 가 관건이다. 일명 책의 제목을 가장 인상적으로 찾는 것이 우선 과제이다. 나 같은 경우는 될 수 있는 대로 기존의 다른 책들과 겹치지 않기 위해 내가 어떤 제목을 생각했다면 네이버나 구글 검색을 통해 동일 제목이 있는지를 먼저 검토한다. 같은 책이 없다면 그 책으로 정하게 된다. 제목은 명사형으로 정해도 좋고 아니면 동사형으로 정해도 좋고 아니면 그냥 형용사 형태로 그대로 두어도 무방하다. 글자 수는 너무 많으면 독자가 쉽게 기억하지 못하므로 적당한 길이로 정하는 게 좋다. 요즘 드라마 제목을 보면 예전과는 상상을 못 할 정도로 정말 기발한 제목이 많이 등장한다. 엇! 저게 제목 맞아? 라는 것도 버젓이 제목으로 나오고 흥행몰이에 성공하는 것을 보면 예전에 4자나 6자가 흥행에 성공한다는 말도 이제는 먹히지 않는 것 같다.

책의 제목을 자신이 쓰고자 하는 내용에 가장 적합하게 정했다면 그다음은 몇 개의 목차 아래에 써 내려갈지 정해야 한다. 그리고 소제목을 크게 몇 개로 정할지 고심해야 한다. 크게 2챕터로 쓸지, 3챕터로 쓸지, 4챕터로 쓸지 고심한 후 각 챕터에 몇 개의 소주제가 들어갈지도 고심해야 한다. 굳이 챕터가 필요치 않다면 그냥 하나의 책 제목하에 20개 정도의 에피소드를 구성해서 글을 작성할 수도 있다. 아니면, 각 챕터별로 4~5개, 많으면 7개 정도의 에피소드를 넣으면 4챕터라고 할 경우엔 28개, 3챕터라고 하면 21개의 이야기 구성이 이루어진다. 책 제목에 걸맞은 다양한 이야기들을 구성하여 그 소제목에 걸맞게 이야기를 차례로 써 내려가면 된다. 물론 내가 지금 이야기하는 경우는 그냥 가장 편하게 쓸 수 있는 수필에 해당한다. 소설이라면 굳이 이러한 챕터구성이 필요할까 싶다. 소설 전반에 발단, 전개, 위기, 절정, 결말의 구성으로 써 내려가면 되기 때문이다.

물론 에세이라고 해서 이런 소설의 단계를 거치지 말라는 법은 없다. 단순히 푸념 거리에 지나지 않는다면 모를까 그래도 뭔가 흥미를 갖고 독자가 읽게 할 목적이라면 글 내용에 임팩을 주는 사건이나 에피소드는 하나쯤 들어가야 감흥을 갖고 읽어내려갈 수 있기 때문이다. 책을 읽고 난 후 전반적으로 느껴지는 감흥이 굳이 거창한 것은 아니어도 그래도 잔잔한 감동을 줄 수 있으면 금상첨화이다. 실컷 시간 내 읽었는데 시간이나 돈 낭비했다는 느낌을 주어서는 곤란하기 때문이다.

참고로 내가 쓴 작품에 대한 구성을 살펴보고자 한다. 대표적으로 지쳐 드러눕고 싶을 때라는 시를 참고로 보기로 하자. 사실 첫 시집이라 욕심이 과했는지도 모른다. 전체를 크게 4개의 챕터로 정해서 각 주제에 맞는 시를 8편에서 10편 정도 실었다. 아무래도 첫 시집이다 보니, 더욱 많은 시를 독자에게 소개해주고 싶은 과욕이 앞섰던 것 같다. 그런데 굳이 이렇게 많은 시를 각 챕터에 실을 필요는 없다.

지쳐 드러눕고 싶을 때

〈목차〉

Ⅰ. 지쳐 드러눕고 싶을 때

그래! 이것이 인생이지!

그해 겨울은 유난히 따스했네

엄마

하늘나라에 전화걸다

청춘애상

목놓아 울다

인생 2모작

중년의 삶

Ⅱ. 작은 gathering 큰 bliss

카톡 인생

자신감

신문
예고 없던 이별....
희망
새벽송
낯선 이들과 만남
인생은 외로운 여행

Ⅲ. 벚꽃 비
이름없는 풀꽃
주문진 소돌해변
강릉 경포대
고흥 유자
부산 해운대
반포동
유채꽃

Ⅳ. 나는 누구인가?
아내의 유방암
큰아들 빌리펑 C
작은아들 비바찡
끝없이 달리다
입시 공화국
대치동 불빛

의대 전쟁

노빠꾸

청춘은 바쁘고 외롭다

아파트청약

그다음은 살며 사랑하며 에세이집에 실린 목차를 소개하고자 한다. 전체를 크게 6챕터로 구성하여 구성마다 4개~5개 정도의 에피소드를 실었다. 그냥 내가 경험하는 일상적인 이야기들을 스토리삼아 가볍게 썼고 부담 없이 가볍게 읽을 수 있는 내용의 책이다. 예전에 마치 월간 샘터에 나오는 에피소드처럼 부담 없이 읽으면서 잔잔한 감동을 주는 컨셉으로 글을 구성했다. 다행히 책을 읽으신 분들이나 아니면 가끔 방송에 나가 소개되어 독자에게서 오는 반응을 살펴보면 그냥 편안하게 읽을 수 있고 읽고 나면 마음이 조금은 힐링 되는 느낌이라 좋다는 반응이 많았다. 그리고 인터넷에 글을 올려서 소개하면 다들 마음 따뜻한 글을 읽고 예전의 추억을 되살릴 수 있어서 감사하다는 반응이 대다수여서 글 쓴 보람을 느끼기도 한다.

전박사의 살며 사랑하며

〈목차〉

Ⅰ. 청춘은 여행이다

성시경의 콘서트 '축가'를 다녀오다

양양의 밤은 화려하다
수원행궁의 카페거리를 다녀오다
분당 율동공원의 추억

II. 추억 회상하기
어머니의 김구이
제자에게 아버지 소리 듣다
라일락 향기에 취하다
도시농부를 꿈꾸다!

III. 이웃사촌 그리고 세대차이
세대 차이 극복하기-명함 대신 인스타어드레스를 알려주다
아파트 단지내 이웃사촌 그들과 마음을 나누다
이웃사촌이라는 이름으로
죽도록 아프지만 그래도 모임약속은 지킨다
인연의 소중함 그리고 생일잔치

IV. 사색으로의 여행
대한민국 교육에 대한 사색의 여행
큰 인물도 좋지만 최소한 타인에게 피해는 주지 말자
유행가에 대한 단상
컴플레인과 또 다른 인연의 연결고리
계약을 중도에 파기하기

V. 긍정의 마인드-회복탄력성

몇 십 년 만의 청계천을 비롯한 북촌 서울 나들이

싱글라이프가 좋다는 택시기사 아저씨!

늘 밝은 미용실 원장님

압구정 팥집

그다음은 좀 특별하게 구성한 내용을 소개하고자 한다. '전박사의 살며 생각하며'라는 책인데 구성은 다음과 같다. 비교적 다양한 장르의 글을 한 책에 소개하려다 보니 구성이 좀 번잡스럽기는 하다. 어떤 경우에는 각각의 스토리가 2개인 경우도 있고 어떤 경우에는 지나치게 많은 예도 있는데, 요즘 들어서 글을 쓸 때 굳이 형식에 너무 연연할 필요는 없다는 이야기를 해주고 싶다. 자기 마음 가는 대로 글을 쓰고 이를 글로 표현할 때 다채로운 형태와 방법을 통해 글을 작성할 수 있음을 말하고 싶은 것이다. 그리고 만일 자신한테 쓴 글이 있다면 굳이 에세이, 단편소설, 자유시, 평론, 철학, 문학 등 장르별로 구분하여 책을 낼 필요는 없다. 물론 그렇게 낼 수도 있지만 지금 소개하는 것처럼 다채로운 장르를 소개하면서 마치 뷔페식으로 독자들이 다양하게 글을 읽고 감상할 수 있도록 하는 것도 나쁘지는 않다고 생각한다.

전박사의 살며 생각하며

〈목차〉

1. 에세이

양양 서피비치에서 새로운 인연을 만들다 그리고 아름다운 삶에 대한 고민

그리고 못다 한 이야기

아름다운 삶-전장연의 시위

주문진과 노스텔지어

만남과 만남의 행복회로

2. 단편소설 & 자유시

수령의 수난 2대

저 하늘나라에는 슬픔이 없기를

라면형제, 더 아픔이 없기를...

갇힌 방과 자유의 날개

영원히 안녕, 꾸꾸

3. 시사를 논평하며

코로나를 비롯한 감염병에 대한 단상

코로나와 미래 교육에 대한 단상

정신장애인에 대한 단상

우리나라 인권 및 시민권에 대한 단상

한국의 여성정책에 대한 단상

현대인의 범죄 및 범죄학에 대한 단상

러시아와 우크라이나 전쟁에 대한 단상

4. 철학과 세계사의 깊이를 찾아

루소의 사회계약설에 대한 단상

중국의 쇠퇴과정에 대한 단상

프랑스 혁명과 보나파르트의 관계

5. 영화를 찾아

영화흥행 및 마케팅에 대한 단상

영화산업에 대한 단상

6. 우리의 문학 이해

양반전 논평

정약용 농아광지 & 송준길 제망자문 논평

북한의 주체사상 논평

이광수 동포에 고함에 대한 단상

김유정 문학 세계

이원일 마당깊은 집 논평

박완서 그대 아직도 꿈꾸고 있는가 논평

김동인 감자 논평

윤동주 참회록을 통한 삶의 고뇌 이해

백석 여승을 통한 가족해체의 현실 이해

김영랑 거문고에 드러난 현실의식 이해

진은영 나는, 안현미 거짓말을 타전하다 평론

김선우 빌려줄 몸 한 채 & 허준 잔등

마지막으로 굳이 챕터를 정하지 않고 그냥 큰 제목 하나에 소제목 여러개를 편하게 정하여 글을 쓰는 경우도 있다. 제목은 '때로는 마음 청소가 필요하다' 인데, 물론 여기에 굳이 챕터를 정해 몇 개로 나눌 수도 있었는데 너무나 작위적이고 인위적이라고 생각하여 이번에는 그 어떠한 챕터도 없이 그냥 30개 정도의 에피소드로 연결하여 글을 구성했다. 그리고 각각의 이야기도 전체 제목에는 걸맞지만, 소제목 간에는 전혀 연계성이 없다. 그냥 편하게 읽을 수 있는 에세이기 때문에 굳이 논리적인 구성을 필요치 않는다.

때로는 마음 청소가 필요하다

- 하철이와의 데이트

반찬 나눔의 즐거움-삼성동 반찬 나르기

인생은 즐기는 것-크루즈 여행 떠난 재홍이

행복은 자주 만나는 것-일요일마다 조찬모임

식사 한 끼의 즐거움-수담식 한정식에서 서울대 법대 모임

인생의 갈림길-일단사와 김기태

의좋은 형제-만중이와 정혁이

기대되는 모임-신라스테이 뷔페

자유롭게 산다는 것-제주도 집 짓는 후니

긴 인연의 끈 변호사 주호

여자의 일생 동욱 어머니

존경받는 교수가 된다는 것-서울대법대 정상조 교수님

송해 선생님의 작고 그리고 전국노래자랑

항공운항과 면접을 진행하며

외교관이 된다는 것

약학과의 여신 수영이

아파트의 열 일꾼 알람탐 재민

누군가를 좀 더 알아간다는 것-진순 그리고 장우

이렇게 소제목을 정한 후 늘 책에서 빠지지 않는 게 책에 대한 간단한 소개의 글이다. 굳이 길게 쓰자면 몇 페이지 작성할 수 있지만 요즘은 뭐든지 길게 쓰면 그다지 읽어보지도 않고 호소력도 없으므로 그냥 반 페이지 정도의 머리말을 통해 전체 작품을 압

축적으로 소개하는 것이 가장 중요하다. 유튜브를 봐도 광고가 5초 이상만 되어도 다들 광고를 스킵하고 보지 않는데 아물려 언어 매체야 두말이 필요 없다고 생각한다. 꼭 필요한 말만 간결하게 머리말에 소개하여 독자에게 어필하는 것이 중요하다. 머리말의 예를 한 번 소개하고자 한다. 이는 '때로는 마음 청소가 필요하다'에 들어간 머리말이다.

〈머리말〉

나이를 먹어감에 따라 마음의 번민과 고뇌가 줄어드는 이유를 곰곰 생각해보았다. 무언가를 잡고자 노력할 때에는 하루하루가 참 고통스럽고 힘들었다. 어느 순간, 손에 잡은 것을 조금은 내려놓고 한발 뒤로 물러나 푸른 하늘을 바라보며 마음을 비웠을 때 예전에 경험하지 못한 마음의 평화를 얻게 되었다. 마음을 청소한다는 말은 내 방안을 깨끗하게 청소하듯 마음에 쌓인 갖가지 잡스러운 생각들을 털어버리는 것이다. 마음 비우기와 마음 청소를 위해서는 가끔은 자신한테 어떠한 심적인 부담감도 주지 않은 채 막연하게 어디론가 떠나가거나 그 누구의 방해도 받지 않는 공간에서 오롯이 명상을 즐기는 것이다. 왜 현대인들이 멍때리기를 마치 축제라도 하듯 즐기는 것일까? 아무런 생각도 하지 않고 무상무념으로 아무것도 하지 않은 채 마음의 상념을 버림으로써 다음을 위한 새로운 계획을 채워 넣을 수 있는 마음의 공간을 확보하는 것이다. 마치 컴퓨터 디

스크 정리를 통해 새로운 공간이 확보되듯 지친 삶에 약간의 여유를 주어 삶의 길라잡이를 다시 정해보는 것이다.

나를 괴롭혔던 직장상사에 대한 미움, 나에게 바가지를 긁던 와이프, 취직하지 않는다고 잔소리와 걱정을 하시던 부모님, 이렇게 공부해서 어떻게 대학 가겠냐며 한숨 섞이며 넋두리하는 부모님, 좁은 고시원에 갇혀 언제가 될지도 모르는 미래를 바라보며 힘겹게 책과 씨름하는 고뇌의 시간, 이 모든 것들을 하루 아니 단 몇 시간만이라도 아무것도 하지 않은 채 가만히 있으면서 잊어버리다 보면 어느 정도 마음의 정리가 될 수 있다. 누군가에게 받았던 비수와 같은 마음의 상처도 그리고 이들에 대한 미움도 잠시 생각을 접어두거나 인생에서 좋았던 유년 시절의 기억을 떠올리며 방향을 전환한다면 마음의 위로가 될 수 있다. 그리고, 자신에게 진정 따뜻한 위로를 해줄 수 있는 사람이 있다면 그 사람에게 한 통의 전화나 메시지로 서로의 마음을 교감하는 것도 마음을 비우거나 사고를 전환하는 가장 기본적인 방법이 될 수 있다. 삶에 지친 이들에게 전박사가 전하는 작은 희망의 메시지에 귀를 기울여 보세요!! 자신은 물론 세상이 따뜻하게 느껴질 겁니다!!

다음은 '지쳐 드러눕고 싶을 때' 머리말이다. 다소 좀 긴 느낌이 드는데, 1페이지가 넘는 분량이다.

<머리말>

누구나 살면서 힘겹다는 소리를 한 번쯤은 하게 된다. 인생이 매일 즐겁다고 외치는 사람은 아마 우리 사회에서 이상한 사람으로 치부될 수 있을 만큼 우리네 인생살이가 그렇게 녹녹지 않다. 그런데도 늘 긍정적인 심리로 생활하고자 노력한다면, 하루하루의 삶이 감사함과 축복으로 가득 차게 된다.

내가 너무나 힘에 겨워 정말 지쳐 드러눕고 싶은 순간, 주변에서 내미는 따뜻한 손이 그렇게 감사할 수가 없으며 다시 삶에 대한 의지를 갖고 회복 탄력성을 갖게 된다. 힘들다고 얘기하지 않고 살면 너무나 좋겠지만 인간이다 보니 온갖 예상치 않은 상황을 접하면서 갑자기 다리에 힘이 풀리고 눈에 초점이 사라지며 땅바닥에 주저앉게 된다. 늘 곁에 계실 것만 같았던 부모님께서 어느 날 갑자기 떠나신다는 말씀 한마디 없이 명을 달리하시고, 내 곁에 영원히 같이 있을 것만 같았던 배우자가 뜻밖의 질병으로 하늘나라로 영원한 이별 여행을 떠나고, 어떤 면에서는 집안의 자녀들보다 나를 더 반겨줬던 반려견이 짧은 만남을 뒤로한 채 무지개다리를 건너갈 때 우린 망연자실하여 삶의 희망과 의의를 잃게 된다. 하물며 내가 목숨을 다 바쳐 키운 사랑스러운 자녀가 한마디 말도 없이 떠나간다면 세상에 이보다 더 큰 슬픔은 없을 것이다. 그래서, 다들 있을 때 잘하라는 말을 하나 보다.

내가 꼭 누군가에게 위로를 받고 싶어서가 아니라도 우린 함께 서로 오순도순 살아갈 이유가 너무나 많다. 물론 예전의 이웃사촌과 같은 느낌을 현대식 아파트에서 느끼기란 쉽지는 않겠지만 그래도 마음의 문을 열어 될 수 있는 대로 함께 하고자 하는 마음으로 취미 활동을 같이하거나 필요한 물품을 공동으로 구매하여 서로 얼굴을 마주 보며 간단하게라도 대화를 나눌 수 있다면 이보다 더 행복한 작은 기쁨은 없다고 본다. 저녁이 있는 삶이라는 것이 꼭 가족끼리의 대화나 함께 하는 것도 의미 있지만, 옆집에 사는, 옆 동에 사는, 옆 단지에 사는 이들과 도란도란 치맥에 살아가는 이야기를 나눈다면 이것만으로도 감사할 일은 흘러넘치는 것이다.

내가 타인에게 은혜를 베푼 만큼 나 역시도 그만큼의 배려와 은혜를 되받을 수 있다. 꼭 기브 앤 테이크가 아니라 하더라도 평소 주변에 좀 더 관심을 두고 나눔을 실천한다면 내가 뿌린 사랑의 씨앗들은 언젠가 내가 힘들 때 큰 거목으로 따가운 햇볕과 차가운 눈보라를 막을 수 있는 포근한 휴식처를 제공해주게 된다. 내가 아무런 배려나 사랑을 실천하지 않았는데 내가 힘들다고 해서 무조건 타인에게 기대와 의지를 하는 것은 옳지 않지만 그렇다고 반드시 수학적인 가감법으로 인간관계를 대할 필요는 없다. 지금 당장 내가 힘들면 정이나 사랑의 빚을 우선 받고 나중에 더 그 받은 사랑에 대해 그분은 물론 주변에 이를 아낌없이 돌려주면 된다. 다만, 너무나 이기적인 마음으로는 이 험난한 세상에 같이 살 수 없으므로 한 번쯤은 주변을 둘러보고 같이 손을 맞잡고 걸어가 보는 것은 어떨까?

지금, 이 순간, 지쳐 드러눕고 싶은 사람이 있다면 다행히 이 모든 아픔을 같이 슬퍼해 주고 울어줄 수 있는 전박사의 넓은 마음의 배를 같이 타고 인생의 험한 여정을 같이 하면 어떨까 제안해본다. 우리네 삶이 비록 힘겹고 고달프다고 해도 같이 함께라면 파도가 일렁이고 물결이 거세게 몰아치는 험난한 바다에서 같이 이 풍랑을 헤쳐나갈 수 있다고 생각한다.

'힘들면 잠시 멈추어 가도 좋습니다. 그리고 지치면 드러누워도 좋습니다. 그리고 힘들면 힘들다고 외쳐도 좋습니다. 그렇게 우리네 인생 도란도란 같이 행복하게 살아보아요!'

10.

나와 주변의 이야기는 어때? 그리고 상상을 펼쳐?

사실 내가 쓰는 대부분 에세이는 내 주변에 있는 사람들 이야기가 대부분이다. 그러므로 한 치의 거짓말이나 일명 양념 같은 요소가 거의 없다. 있는 그대로 경험하고 느낀 바를 단순한 필치로 소박하게 그려내는 게 내가 글을 쓰는 표현기법이다. 화려한 문체를 통해 자기 생각을 다소 포장할 수도 있겠지만, 외모를 가꾸는 노력에 비해 글을 쓸 때는 그렇게 화려한 문체를 고집하지는 않는다. 간혹 글을 쓸 때 도대체 어느 정도까지 문장을 길게 써야 하는지 궁금히 여기는데 만일 자기 생각이 간결한 것을 좋아하면 그저 간결하게 글을 쓰면 되고, 길게 생각을 말하고 싶으면 긴 문장인 만연체를 선택하면 된다. 그런데, 어느 경우를 막론하고 필자의 생각과 느낌이 명확하게 글로 표현되어 독자가 글을 읽을 때 무슨 이야기를 하는지는 가늠하게 해야 한다. 아무리 사고의식의 흐름이 좋고 편하다고 해도 오롯이 자신만이 아는 언어 형태를 통해 사고를 자기만의 무의식 세계로 흐르게 한다면 독자는 혼란스러울 수밖에 없다. 물론 간혹 이러한 기법을 즐기는 소설가도 있긴 하지만, 난 개인적으로 이러한 무의식의 흐름에 대해서는 그다지 선호하기에 난 될 수 있는 대로 편하고 쉽게 읽히는 글을 좋아한다. 난 사실 영문학자이지만 제임스 조이스의 젊은 예술가의 초상이라는 작품에 대해 그다지 호감을 느끼지 못하는 이유가 20세기 모더니즘이라는 기법도 개인적으로는 이해가 힘들뿐더러 내면세계를 그려내는 작가의 의식 흐름을 제대로 따라가기 힘든 개인적인 이해의 고통 때문일 것이다. 사실 원문에서 라틴어가 너무 많이 나오는 것도 나에게 힘들게 만든 하나의 요인일 것이다.

아무튼, 나는 현학적인 글보다는 쉽게 편하게 읽히는 글을 좋아하는데 이는 개인적인 취향이므로 본인에게 맞게 글을 써 내려가면 될 것 같다. 얼마 전 어느 모임을 마친 후 다시 2차의 시간을 가지면서 편의점에서 장규랑 이야기를 나누며 난 장규의 너무나 심오한 철학적 세계관에 많이 놀란 적이 있다. 난 웃으면서 장규한테 그래도 이제는 장규랑 어느 정도 친해져서 장규가 하는 이야기에 농담도 주고받으며 너털웃음도 지을 수 있는데 아무튼, 너무나 극과 극을 오가는 대화의 기법과 문답식의 대화에 정신이 혼미할 정도라며 조금만 대화를 보통 사람의 수준에 맞춰 진행해 달라고 부탁한 적이 있다. 정말 때론 돈키호테와 같은 괴짜스러움이 가득한 친구라고 생각한다. 그래서, 난 장규한테 장규가 생각하는 의식이든 무의식이든 그 흐름에 맞춰 글을 한번 써보라고 권한 것이다. 그랬더니, 장규는 글은 너무나 쓰고 싶고 젊은 시절, 아르바이트하면서 나름 유명한 작가들과 함께 이야기를 나누고 술자리를 함께 한 시간 덕분에 그 세계의 매력에 빠지긴 했는데 아직도 글쓰기가 너무나 어려워서 자신이 쓰고 싶은 다양한 장르의 글을 못 쓰고 있으니 제발 글쓰기와 관련한 책을 집필해 줄 것을 나에게 부탁해 이렇게 과감하게 글쓰기 책을 쓰게 되었음을 밝힌다. 그리곤 엊그제, 단톡방에서 글쓰기 관련 도서에 꼭 들어갔으면 좋은 내용마저 정성스럽게 지하철에서 구상했다며 나한테 보내왔는데, 읽어보니 나름으로 정성 가득한 아이디어가 많아서 장규의 신선하고 창의적인 생각들을 글에 녹여보기로 마음먹었다. 아무튼, 세 사람이 함께하면 반드시 나의 스승이 있다고 했는데, 처음에는 살짝 친해지기 힘든 독특한 캐릭터라고 생각했지만, 곰곰 생각해보면 참 깊이가 있고 사고를 광범위하게 하는 특별함이 있는 소중한 친구라고 생각한다. 간혹 장규랑 친한 진수는 장규랑 같이 있으면 귀에 피가 흘러내릴 정도의 인내심이 필요하다고 우스갯소리를 하지만, 이 둘의 캐미는 그 누구보다 찐캐미임을 난 알고 있다. 서로 주고받는 대화가 참으로 다정스럽기 짝이 없다. 마치 예전에 장소팔, 고춘자 만담꾼을 보듯 티키타카가 잘 맞는 관계라고 생각한다. 이러한 주변의 동생들 덕분에 난 어쩌면 지금 이렇게 글을 쓰고 있는지도 모른다.

글을 쓸 때 소설을 쓴다고 해도 대체적으로는 주변의 인물을 어느 정도 가공해서 쓰는 게 많고, 나 같은 경우는 수필류의 가볍게 읽을 수 있는 글이 많으므로 더더욱 내 주변에 있는 친한 사람들과의 관계에서 펼쳐지는 다양한 일들을 글로 표현하는 경우가 많다. 간혹 너무 디테일하게 글을 써서 어떤 친구는 가명으로 올려달라고 하는 예도 있지만, 대체적으로는 별 연연하지 않고 오히려 자신의 이름이 활자화되어 나오는 것에 묘한 쾌감이 있다며 좋다고 한다.

앞서 소개한 '전박사의 살며 사랑하며' 에 등장하는 '1. 에세이' 편에서도 전부 내 주변의 친구들에 관한 이야기로 가득 차 있다.

'양양 서피비치에서 새로운 인연을 만들다 그리고 아름다운 삶에 대한 고민'은 현재 양양의 최고 핫플인 서피비치를 만든 이 시대의 크리에이티브 경영자인 제이 박, 준규의 이야기로 가득하며, 그리고 '못다 한 이야기'에서는 그 후속 인간관계가 소개되고 있다. 특전사 출신으로 이제는 전역하고 평범한 보통 사람의 삶을 사는 지윤이와의 만남과 관계, 주문진과 양양에서 만난 낯선 사람들과의 우정과 추억 그런 이야기들이 주를 이루고 있다.

'전박사의 살며 사랑하며'에서는 특히나 더욱더 나를 비롯한 주변인 친구들의 삶이 그대로 드러나고 있다. 추억 회상하기에서는 어린 시절 어머님이 구워주신 김과 관련한 에피소드, 제자들을 가르치면서 그들과 함께 한 이야기, 서울대 법대와 관련한 변호사 현근이와의 추억, 아파트에서 만난 동생들과의 다양한 추억들, 오랜만에 서울이나 수원을 나들이하면서 느끼게 되는 만감, 늘 다정스럽게 머리를 만져주시는 원장님을 비롯하여 팥죽 집에서 느끼는 작은 일상의 기쁨 등 이러한 소재들이 나의 책의 근간이 되고 있다. 굳이 멀리서 에피소드를 찾을 필요는 없다. 왜 인간극장이 그렇게 긴 시간 동안 그토록 인기를 끄는지 곰곰 생각하면 우리네 이웃들의 진솔한 삶이 그대로 묻어나기 때문이다. 절대로 MSG가 첨가되지 않는 그대로의 삶을 통해 나만 이런 삶을 사는 것이 아님을 깨닫게 되고 주변에 사는 사람들의 보다 진솔한 이야기를 통해 많은 공감대가 형성되기 때문이다.

사람은 누구나 각자의 주어진 삶을 살면서도 스스로 자기가 잘 살고 있는지 아니면 못살고 있는지 때로는 늘 불안해하며 자기 삶에 대해 점검이나 타인과의 삶과 비교하고 싶은 마음이 들 때가 있다. 아무리 그렇게 하지 않으려고 해도 인간이다 보니 절대적인 자기 삶의 가치관을 두고 오롯이 앞만 보고 사는 사람은 드물 것이다. 내가 느끼는 것을 다른 사람은 어떻게 느끼는지, 내가 사는 모습에 비해 다른 사람의 삶은 어떠한지 견줌으로써 또 다른 삶에 대한 기대는 물론 자신의 삶에 대해서도 때로는 만족을 때로는 조금 더 앞으로라는 마인드로 생활하게 된다.

이렇게 일상적인 삶을 글로 표현하면서 우리네 삶에 대해 다시 한번 돌이켜보게 되는데, 그나마 이러한 일상적인 삶을 탈출하여 더욱 색다른 삶을 갈망하고 원하기에 아마 드라마에서 보는 신데

렐라나 왕자와 같은 멋진 삶을 기대하며 소설로 만드나보다 그런 생각이 든다. 드라마에서 보이는 이상적인 삶을 보면서 마치 내가 그 속의 주인공이 된 것처럼 잠시 착각을 하며 이상적인 세계에 돌입하게 된다. 최소한 드라마를 보는 동안만은 내가 주인공이 되어 백만장자가 될 수도 있고 먼 별나라를 여행하며 때로는 과거나 미래로 날아가 색다른 삶을 살게 되는데 요즘 어렵고 힘든 삶 때문인지 이러한 판타지 소설이 크게 인기를 끈다고 한다. 그래서 나도 상상이 가미된 판타지 웹 소설을 써보는 것을 내년의 목표로 삼았다. 정말 멋진 작품을 통해 더욱 많은 사람이 상상의 세계에서 희망을 찾고 긍정의 에너지를 찾았으면 좋겠는데, 그렇다고 이런 교훈적인 내용만으로는 흥미를 끌 수 없기에 때로는 좌절이나 복수와 같은 치정 통속극이나 막장극이 또 인기를 끄나보다 그런 생각을 한다. 독자들은 웬만해서는 놀라지 않기 때문에 더더욱 자극적인 글로 독자를 선동할 수밖에 없는 현실이 때로는 아쉽기도 하지만, 그렇게라도 현실을 벗어나 새로운 세계에서 색다른 삶을 경험하고 싶은 것이 우리네 인간이기에 어쩌면 인지상정인지도 모른다는 생각이 든다.

11.
책 분량은 어느 정도?

책 분량은 최소 A4 용지 40페이지는 되어야 그래도 한 권의 책을 만들 수 있다. 포인트는 10으로 하고 간격은 160%로 했을 때 최소한이 정도는 되어야 책이 가능하다.

앞에서 말한 것처럼 크게 하나의 장 챕터하에 소제목으로 에피소드를 20개에서 30개 잡는다고 생각하면 하나의 주제에 대해 한 페이지 반이나 2페이지 정도만 작성하면 된다. 물론 더 길게 쓰고 싶다면 하나의 소주제에 대해 3페이지 정도 쓰면 60페이지가 될 것이고 4페이지 쓰면 또 그 이상이 된다. 그런데, 처음 글을 쓰기 시작할 때에는 굳이 너무 길게 글을 쓰려고 애쓰지 않아도 된다. 억지로 글을 늘려서 쓰다 보면 어색하고 오히려 군더더기가 많아서 글의 흐름을 방해할 수 있으므로, 간결하게 하고 싶은 말만 하는 게 더 효율적일 수 있다.

이렇게 글을 많이 쓰다 보면 어느 순간, 하나의 소제목에 대해 정말 많은 다양한 이야기들을 자유롭게 펼칠 수 있고 굳이 애써 노력을 하지 않아도 어느 순간 손가락이 움직이며 많은 이야기를 전하게 된다.

한 권의 책을 완성하는데 때에 따라서는 1년이 넘는 긴 시간이 필요로 하는 예도 있고 때에 따라서는 몇 달 만에 책이 완성하기도 한다. 한 번에 일필휘지로 써 내려가는 사람이 있는가 하면 아이디어가 제대로 떠오르지 않아 수많은 시행착오를 겪어가며 한 챕터를 완성하는 때도 있다. 심지어 우리가 흔히들 얘기하는 한 꼭지를 완성하는데 몇 달의 산고를 겪는 예도 있다. 난 책을 완성하는데 일정 부분 구성도 중요하긴 하지만, 너무 구성에 치우쳐 내용이 부실해진다면 곤란하니까 우선은 너무 거창하게 부담감을 느끼지 말고 하나의 제목하에 여러 가지 소제목을 붙여 글을 써 보는 것을 권하고 싶다.

대체로 자신이 살아오면서 느꼈던 많은 인생의 경험들이나 가치 중에서 의미 있다고 생각되는 에피소드를 묶어 제목을 정하는 것이다. 그 에피소드는 최소한 20개는 넘어야 하나의 책이 완성될 수 있다. 그리고 그 에피소드에서 공통으로 묶을 수 있는 것을 또 추려내어 챕터별로 묶을 수 있는 것들을 선별하여 거기에 걸맞은 제목을 선정하는 것이 중요하다. 물론 이러한 과정도 어렵다고 느껴지면 그냥 무작정 글을 써 내려갈 수도 있는데 아무래도 기본적인 프레임이나 골격을 갖추지 못하면 글을 써 내려가는데 일관성이 없고 자칫 너무 감상적인 흐름으로 빠져 글의 맥락이나 흐름을 따라가지 못하는 경우가 허다하기에 꼭 이러한 기본 골격은 완성한 후 글쓰기를 하면 어떨까 제안해본다.

그리고 하나의 소제목에는 여러 개의 단락이 필요한데, 하나의 단락에 몇 개의 문장이 들어가는지도 고려해봐야 한다. 예를 들어 '전박사의 살며 사랑하며'에 수록된 어머니의 김구이를 예로 들어 보자.

Ⅱ. 추억 회상하기

어머니의 김구이

제자에게 아버지 소리 듣다

라일락 향기에 취하다

도시농부를 꿈꾸다!

챕터 제목은 추억 회상하기로 정한 후 4개의 에피소드를 담았다. 그 중에 하나가 어머니의 김구이라는 소제목으로 완성되었다. 본 작품을 소개하면 다음과 같다. 어머니의 김구이 에세이는 2페이지 약간 넘는 분량으로 완성되었다. 크게 10개의 단락으로 구성되어 있으며, 한 단락 안에는 보통 4개에서 6개의 문장으로 구성되어 있다. 하나의 단락은 짧게는 4줄에서 길게는 10줄까지, 평균 최소 5줄은 넘게 한 단락을 구성하고 있다. 문장길이는 길면 한 줄을 넘어 3줄에 해당하는 예도 있고, 짧게는 한 줄에서 한 줄 반인 경우가 보통이다. 이처럼 대략적인 느낌을 갖고 글을 쓰면 한 편의 에세이를 완성할 수 있다. 다 그럴 필요는 없지만, 나는 개인적으로 피천득 님의 인연이라는 수필을 좋아하기 때문에 그분의 글 쓰는 스타일에 영향을 많이 받았다고 생각한다. 한 편의 글을 읽고 났을 때 머릿속에 남는 잔상이 난 그렇게 '인연' 이라는 수필이 강할 수 없었다. 세 번째 만남은 차라리 만나지 말았으면 좋겠다는 글 속에 드러난 아사코와의 만남에 대한 필자의 느낌이 너무나 간절하게 드러나 있고 전체 글이 비록 짧기는 하지만, 그 가운데서 정말 인연이 무엇인지를 생각하는 글이었기에 아직도 내 가슴에 아롱져있다고 생각한다. '김 구이' 역시 세월이 흐른 지금 과거, 어머님께서 정성스럽게 참기름에 발라 김구워 주셨던 추억을 토대로 어머님에 대한 간절한 그리움을 드러내고자 했고 인스턴트 음식에 밀려 이제 집에서 김구이를 하는 경우가 드문 요즘 세상에 직접 김구이를 함으로써 어머님에 대한 그리움을 달램은 물론 그 참맛을 통해 어린 시절의 소중한 추억을 되살리는 소중한 매개체가 되길 간절히 바라고 있다. 언젠가 직접 내가 김구이를 해서 주변 친구들에게 나눠줬을 때 아무리 파는 김이 맛있다고 해도 직접 참기름 듬뿍 발라서 구워주는 내 김에 견줄 바가 아니라며 극찬을 아끼지 않았던 친구들의 맛 평이 아직도 기억에 신선하게 남아있다.

〈어머니의 김구이〉

어릴 때는 뭔가 맛있는 게 있으면 사람들을 불러 나눠 먹는 엄마를 굳이 이해하려 하지도 않았고 이해하고 싶지도 않았다. 늘 퍼다 주는 엄마의 삶이 어린 나에게 그렇게 달가워 보이거나 멋있게 보이지 않았다. 왜 늘 저렇게 수고하면서 고생하고 일부러 일을 만들어서 하는지 난 도무지 알 수가 없었다. 늘 힘든 일은 앞에서 도맡아 하고 그렇다고 어린 내가 보기에 그렇게 다른 사람들이 고마워하지도 않는데 늘 엄마는 타인을 배려하는 삶을 사는데 주력하는 것처럼 보였다.

세월이 흘러 어느 순간 문득 나를 돌이켜보았다. 남자임에도 굳이 부엌일을 마다하지 않고 엠티며 모임 활동이나 세미나 가면 내가 으레 주방장 역할을 하고 있었다. 모임이라는 모임은 다 만들어서 사람들 입에 들어가는 음식을 힘겹다 하지 않고 즐거운 마음으로 하고 있었다. 사실 늘 우리에게 맛있는 것을 해주신 아빠를 보면서 그냥 나도 그렇게 요리하는 것에 부담감을 느끼지 않았나 보다. 미리 장을 보다가 낑낑거리며 그 무거운 것을 들고 나를 때에는 두 번 다시 이런 일을 하지 않으리라 다짐하지만 그래도 나로 인해 누군가가 행복해하는 모습을 보면서 모든 시름을 잊어버리곤 했다.

나도 사실 대학교까지는 그런 모임을 활성화하면서 지내지는 않았던 것 같다. 내 삶이 너무나 바쁘고 또 해야 할 일이 많았기에 그냥 사람들과 모임은 사치로만 여겼다. 난 가야 할 길이 너무나 많고 바쁜 사람으로 나의 일을 해야만 한다고 생각했기에 심지어 한 잔의 차나 친구들끼리의 여행도 아까운 시간 낭비라고 생각했다.

유학 가서도 그런 마인드는 계속 이어졌지만, 유학 당시 같은 아파트에서 생활하던 싱가포르 친구들 덕분에 마인드가 달라졌다. 사실 그 친구들 틈바구니에서 유학이랍시고 공부만 하기엔 너무나 열악한 환경이었다. 그리스, 멕시코, 싱가포르 그 친구들은 유독 파티문화를 좋아했고 아파트는 그들의 아지트가 되어버리고 말았다. 어느 순간 나 역시도 스며들었고 그렇게 인생을 조금씩 알게 되었다.

어머님을 떠올리면 여러 가지 추억이 있는데 김을 구워주셨던 기억이 난다. 김에다 참기름을 정성스럽게 바르면서 가끔 나랑 도란도란 이야기를 나눴는데, 너무 맛있어 보여 침이라도 흘릴 것 같으면 따뜻한 김을 내 입에 넣어 주셨던 엄마의 손길이 오늘따라 유난히 그립다. 김을 요즘은 거의 사 먹는 문화가 정착되었지만, 예전에는 김 한 장 한 장에 정성 한 숟가락을 담아 참기름을 바르고 마지막 소금을 흩뿌려서 불에 구우면 세상 그 무엇보다 맛있는 귀한 밥반찬이 되었다.

세월이 흘러, 그다지 닮고 싶지 않았던 지나칠 정도의 사람들과의 교류와 모임 주선, 어딜 가나 나름 리더의 역할, 무언가 좋은 정보가 있거나 좋은 먹거리가 있으면 아깝다고 생각하지 않고 주변 사람들이랑 나눠 먹기를 좋아하는 성격은 이제 나의 삶의 일부가 되어버렸다. 굳이 힘들다고 생각하면 시작도 못 할 일을 어느 순간 새벽부터 일어나서 내 소중한 삶의 일부를 할애하여 우리 가족은 물론 주변 지인들까지도 조금씩 배려하는 마음으로 정성스럽게 음식을 하는 나 자신을 보면서 문득 그토록 싫어했던 나눔을 실천하신 엄마의 모습이 자연스레 오버랩되고 회상된다.

그 언젠가는 나를 데리고 어느 봉사활동에 데리고 간 적이 있는데 '굳이 나를 왜 이런 곳에 데리고 온 거지?'라는 생각과 더불어 많은 짜증이 났지만 아마 지금 생각해보면 좀 더 타인을 배려하고 생각하라는 엄마의 깊으신 뜻이었던 것 같다. 그 덕분인지 요즘도 자그마한 봉사활동을 진행하고 있고 그러한 정성을 귀하게 생각하게 여겨주신 덕분에 푸르덴셜 봉사지도자상도 받았으니 참 격세지감을 느끼게 한다. 그런데 봉사는 따지고 보면 내가 더 행복해지는 비법이자 비결인 것 같다. 나로 인해서 타인이 행복을 느끼면 그 또한 기쁜 삶의 이치라고 생각한다.

눈에 넣어도 아프지 않을 막둥이 아들을 유학 보낼 때 우리 엄마 생각은 어땠을까 생각이 든다. 지금이야 30대 중후반이 노산이 아니지만, 당시에는 엄청난 노산이었고 게다가 7남매의 막내로 내가 과연 이 집 안에 있어야 하는 존재인지 심히 의문을 가진 큰이모님은 하루가 멀다고 유산시키라고 엄마에게 압박을 가했다는 얘기를 나중에 듣게 되었다. 그 많은 자녀를 키우느라 당신의 삶을 즐길 시간이 없어 보였던 것이 너무나 안쓰러웠던 이모님은 태어날 조카보다는 엄마의 안위가 더 걱정되었나 보다. 지금 생각하면 충분히 이해가 간다. 그렇게 7남매의 막내로서 나의 삶은 시작되었고 지금 돌이켜보면 너무나 감사한 교육을 받으며 잘 자랐다고 스스로 생각해본다. 물론 좀 더 강인하게 키우려는 부모님의 교육방침이 있긴 했지만, 막내다 보니 늘 귀염을 독차지했기에, 더욱더 긍정적인 사고로 삶을 영위할 수 있는 자양분을 공급받지 않았나 그런 생각을 해본다.

막내였지만 독립적인 존재로 교육받은 덕분인지 어느 조직이든 나름 리더로서 최선을 다해 열심히 생활해왔다. 어느 순간 너무 지쳐서 리더의 역할은 최대한 자제하고 이제는 팔로워로서 조율하며 생활하는 가운데 충분히 행복해하지만, 앞에서 이런저런 일을 할 때 겪었던 일들은 지나고 보니 아름다운 추억이었다고 말함에도 불구하고 당시엔 나름대로 고충이 있었다고 생각한다. 굳이 얘기하자면, 요즘 이런저런 정치적인 일이나 외부적인 많은 일과 직책들을 은근히 권유받긴 하지만 굳이 거절 아닌 거절을 하는 이유는 그냥 소소하지만 확실한 행복으로 나의 행복을 찾으며 가족들과 좀 더 많은 시간을 보내는 일에 치중하고 싶기 때문이다. 예전에는 새벽 5시부터 자정까지 기계적으로 일만 하고 살면서 과연 나의 존재가치와 자아 본질은 무엇인지 전혀 알지도 못했고 그냥 그렇게 바쁜 쳇바퀴 속에서 앞만 보고 달렸다. 어느 순간, 과연 나의 삶의 의미는 무엇이고 내가 왜 무엇을 위해 사는지 고심해보게 되었다. 그러면서 드는 생각이 진정한 행복은 내 주변에서 일어나는 작은 일의 만족에서 느끼는 작은 기쁨임을 깨닫게 되었다.

김을 직접 굽고 있는 나를 보면서 참 많은 생각이 뇌리를 스친다. '왜 이런 일을 하고 있지?'부터 시작해서 '그래! 예전의 추억여행을 한 번 해보는 거지!'에 이르기까지 단순히 김을 굽는 과정에서 느끼는 눈이 매캐하거나 손에 기름칠 되는 약간은 불쾌한 느낌이 아니라 이 김을 통해 또 그 누군가는 행복해하겠지라는 생각에 그냥 얼굴에 미소 한 번 지어본다. 굳이 강릉에 가면 김 주산지가 아닌데도 마치 이곳이 원산지인 양 김을 한 보따리 사서 차에 싣는 나를 보면서 이 김을 통해 나의 작은 행복을 찾는 작은 과정임을 다시 한번 확인하고 깨닫게 된다.

다 구운 김을 봉지에 하나하나 담으면서 그 옛날 나의 엄마도 이렇게 자식들을 먹이고 주변에 나눠주는 과정에서 행복을 느끼지 않았을까 그런 생각을 해본다. 그리고 명절이면 떡국에 구운 김 부스러기를 정성스레 고명으로 올리며 자식들 먹일 생각에 미소를 짓던 엄마의 모습이 찬찬히 반추되어 떠오른다.

'엄마! 하늘나라는 행복한가요? 요즘도 하늘나라에 계신 분들이랑 재밌게 지내나요?'

오늘 밤 꿈에는 꼭 엄마를 만나 4월이 주는 신선한 봄바람을 얘기하며 추억의 시간을 갖고 싶다.

12. 책 출간하기 두렵지만 그래도 도전!!

책을 출간하기 사실 쉬우면서도 어렵고 또 한편으로는 '과연 내가 책을 출간해서 누가 읽을까?' 라는 두려움도 드는 것이 사실이다. 하지만, 처음에는 너무 이렇게 두려워할 정도로 독자를 의식하면서 책을 출판할 필요는 없다. 설령 한 명의 독자가 있다고 해도 이 책을 통해 감동하면 그걸로 충분히 자신이 할 일은 한 것이다. 그리고, 독자가 없다고 해도 이 한 권의 책을 출판하기까지 쏟은 땀방울과 노력만 있다면 그걸로 충분히 보상을 받았다고 생각한다. 한 편의 책이 나오기까지 얼마나 힘든 산고의 고통을 겪는지는 해본 사람만 알 것이다. 책 제목 선정부터 시작해서, 각 챕터의 제목을 정하고 챕터에 맞는 에피소드를 골라 각 구성에 맞게 배치하고 이에 따라 한 편, 한 편 글을 써 내려가는 과정이 결코 순탄하거나 쉽지만은 않다. 유화를 그려본 사람은 알겠지만 하나의 유화 작품을 완성하기 위해서는 얼마나 많은 덧칠을 해야 한단 말인가? 칠하고 마르면 또 칠하고, 그리고 마르면 또 칠하고 이러한 과정을 수십 번 아니 수백 번 반복해서 하나의 작품이 나오는 것이다. 그나마 볕 좋은 여름이나 봄날은 유화가 며칠 만에 마르기도 하지만, 겨울에는 아예 날씨가 추워 유화가 마를 생각하지 않기 때문에 몇 날 며칠, 아니 그 이상의 시간을 기다리며 유화가 완성되기를 참고 견뎌야 한다.

책도 마찬가지이다. 어떻게 단번에 한 권의 책을 쓸 수 있단 말인가? 그리고 설령 한 권의 책이 1년에서 5~6개월, 또는 각자의 성향에 따라 더 빨리 완성되었다고 해도 계속 고쳐나가는 퇴고의 과정을 통해 추후 맞춤법이나 내용 구성면에서 좀 더 완벽함을 도모하기 위해 끊임없이 읽어나가야 한다. 자신이 쓴 글은 자신이 수정하기 어렵기 때문에 때로는 쑥스럽지만 주변에 도움을 요청할 필요도 있다. 그러면서 아이디어를 얻어 작품을 완성하게 된다.

이제 작품이 완성되면 수많은 출판사에 문의한 후 원고를 보내어 작품으로서 가치가 있어 출판될 수 있는지 문의해봐야 한다. 정말 상업적으로 가능성이 있다고 생각하면 출판사에서 출판계약을 통해 정식 책 출판을 하게 된다. 비록 인세는 크지 않지만 그래도 내가 쓴 작품이 인쇄되어 활자화된다는 것은 세상의 그 어떤 기쁨보다 큰 즐거움이 아닐 수 없다. 제목에 맞는 디자인을 통해 책 표지를 완성하게 되고, 책 내용에 맞게 때에 따라 삽화를 집어넣기도 하며, 칼라로 인쇄할지 아니면 그냥 흑백으로 할지도 고민해봐야 한다. 보통 표지는 아무래도 시각적인 효과 때문에 칼라를 하고 나머지 책 내용은 기타 책값 비용을 고려해서 보통은 흑백으로 인쇄하는 것이 기본이다. 그리고 책을 출판사와 계약할 때, 인세를 얼마 받아야 할지도 고민해봐야 하는데 보통 초보 작가의 경우엔 출판사 사정이 요즘 열악해서 6~8%, 조금 잘나가는 출판사는 10%를 주는 예도 있다. 물론 계약의 묘미가 존재하기에 얼마나 협상을 잘하느냐에 따라 달라질 수 있다. 처음에는 비록 낮게 계약을 했지만, 책이 잘 팔린다면 10%까지 족히 받을 수 있다. 그런데 요즘 10%이상 인세를 받는 경우는 드물다고 생각하면 된다. 물론 유명세를 타면 계약금이라고 해서 선인세를 받는 예도 있는데 이는 극히 드물다고 생각하면 된다.

그런데, 처음 책을 쓰는 처지라면 이러한 돈에 너무 집착하면 곤란할 것 같다. 첫 작품을 출판할 때에는 오롯이 책으로 자신의 작품이 나온다는 데 의의를 두는 것이 중요하다. 그리고, 만일 자신의 작품이 출판사에서 초이스를 하지 않으면 다른 방법으로 자비를 통해, 또는 자비와 출판사 출판의 중간 형태로 조율해서 책을 출판하기도 한다. 아무튼, 첫 작품이 세상에 나오는 것은 어떠한 경우를 막론하고 의의가 있으므로 어떤 형태로든 책을 출판할 것을 권하고 싶다.

13.

에필로그 – 이젠 나도 작가!

이제는 글을 쓸 용기가 조금 났기를 간절히 바란다. 최소한 글을 쓰고자 하는 마음만 먹었어도 난 다행이라고 생각한다. 사실 내가 왜 골프를 못 칠까? 생각해보면 전혀 도전하지 않기 때문이다. 날 강제적으로든 아니면 내가 자의적으로든 골프 연습장에 가서 공을 몇 개라도 쳤더라면 아마 골프에 대해 조금은 관심을 두고 연습을 할 텐데, 그런 기회가 전혀 없었고 다만 집 아파트 현관문에 붙은 전단지만 보면서 '꼭 가야지!' 하고 마음만 먹고 실천을 하지 않았기 때문에 골프 바보가 되었다고 생각한다. 사실 요즘 골프를 못 치면 전혀 사교활동을 할 수 없을 정도로 골프가 대중화되었다. 예전에는 골프가 돈 있는 사람들의 전유물이었는데, 그렇게 골프를 칠 기회가 영국에서 공부하는 동안 많았음에도 이런저런 핑계로 골프를 치지 않다 보니 이제는 골프채를 잡고 치기가 너무나 쑥스럽고 어려운 운동이 되고 말았다. 모두 내가 게으른 탓이라고 생각한다.

마찬가지이다. 글쓰기도 일단 마음먹었으면 이 책을 읽고 이 마무리 순간에 왔다면 이미 글 쓰는 작가가 되었다고 생각한다. 글을 읽고 충분히 마음의 준비했다면 당장 어떤 소재나 느낌에 대해 글로 옮겨볼 것을 적극적으로 권한다. 물론 지금 당장 한 편의 멋진 글을 써서 출판하기가 쉽지는 않겠지만, 하루하루 글을 한 편의 10분의 1이라도 써 내려가다 보면 6개월이 지나면 상당히 많은 양의 글쓰기가 누적되었음을 발견하게 된다.

처음부터 너무 완벽한 글을 쓰려고 애쓰지 말자!! 처음에는 그저 마음 내키는 대로 자판이 움직이는 대로 그렇게 글을 써 내려가는 것이 좋다. 그렇게 해서 글쓰기를 시작하다 보면 익숙해져 글 쓰는 게 자연스러워지고 팔도 아프지 않게 된다. 사실 지금, 이 순간도 종일 자판이랑 씨름 아닌 씨름을 하며 글을 쓰고 있기에 팔 아프기도 하지만, 예전에 원고지에 글을 쓰는 것과 비교하면 너무나 빠른 속도로 글을 쓰고 있음에 너무나 감사를 드린다.

자! 이제 더 이상의 고민은 불필요하다고 생각한다. 지금 이 글을 마쳤다면 당장 글쓰기에 도전해볼 것을 강력하게 추천한다. 당장 오늘 있었던 일 중 가장 인상 깊었던 사건을 소재로 글을 써보자! 느낌도 좋고 아니면 잔잔하게 있었던 일을 시간상으로 표현해도 좋고 아니면 공간의 흐름과 의식의 흐름에 따라 글을 써도 좋다. 중요한 것은 어쨌든 글쓰기를 도전해봄으로써 그다음 단계를 발전시킬 수 있다는 것이다.

만약 지금 당장 글쓰기를 시작했다면 당신은 이미 작가의 반열에 올랐다고 생각한다. 왜냐하면, 시작이 반이고 반을 넘었다는 것은 충분히 고지에 도달할 역량을 갖추었다는 것을 의미하기 때문이다.

한 권의 책이 여러분 개개인 이름으로 나오는 그날까지 전박사는 늘 응원합니다!!

야! 너도 책 쓸 수 있어!

부제-글쓰기, 책쓰기 비법

1판1쇄 2022년 11월 15일

저자 전설
발행인 이경화

발행처 디자인21
주소 04560 서울특별시 중구 퇴계로 293-1 3층
전화 02-2269-6561(대)
팩스 02-2269-6568
e-mail 21publish@naver.com

등록번호 제1-1128호
등록일자 1991.2.12

ISBN 978-89-6131-103-8 03810

정가 12,000원

http://21publish.co.kr/
https://blog.naver.com/publish21